KB128574

골퍼의 계급

어느 아마추어골퍼의 처절한 계급투쟁기

골퍼의 계급

어느 아마추어골퍼의 처절한 계급투쟁기

김홍현 지음

iB 인터북스

多打好身
少打好心

丙申年 季秋에
金洪錫

藏心擊球
飛翔天

甲午年 孟夏 金洪錫

미국 골프투어의 베이스캠프였던 대저택 앞에서

미국골프투어의 마지막 날 광풍이 몰아치던 Pleasant Valley에서

미국골프 유람단

홀인원

GOLFZON COUNTY 안성Q

김홍현님 72

2015.07.26 - 13:24 (0)

HOLE	1	2	3	4	5	6	7	8	9	Valley
PAR	5	4	4	4	3	4	3	4	5	36
김홍현	O	O	O	O	O	1	O	-1	O	36 (0)
PUTT	2	2	2	2	2	2	2	1	2	17

HOLE	1	2	3	4	5	6	7	8	9	Pampas
PAR	4	5	4	3	5	4	3	4	4	36
김홍현	-1	O	O	O	1	O	O	1	-1	36(0)
퍼트수	1	2	1	2	2	2	2	2	2	16

안성Q 이븐파

뉴코리아CC에서

머리말

골프를 시작한 지 20년 정도의 세월이 흘렀습니다.

제법 긴 시간 동안 골프를 여러 번 포기하기도 했고 또다시 시작하여 또 좌절을 맛보며 조금 조금씩 저의 골프는 향상되어 왔습니다.

처음 골프를 시작해서 10여 년 동안 스코어카드를 모았었습니다.

그러나 라운딩을 자주 나가게 된 어느 날부터인가 스코어카드 모으기를 그만두었습니다.

그런데 연 초에 책장 정리를 하다가 우연히 발견된 해묵은 나의 골프스코어카드 모음철을 들쳐보았습니다.

오래전의 일이었지만 골프장과 동반자들의 이름을 보니 마치 어제의 라운딩처럼 지나간 나의 골프소사가 생생하게 되살아났습니다.

불현듯 지난 간 나의 골프역사(?)를 글로써 남겨 보고 싶었습니다.

첫 번째 이야기 고난의 시작이란 제목으로 글을 써서 초등학교 골프밴드에 올리면서 시작된 나의 골프이야기가 처음에는 불같은 열정으로 나의 지난 골프소사를 거침없이 써 내려갔었습니다.

그러나 어느 순간부터인지 글도 써지지 않고 눈도 침침하고 글을 쓰려고 하면 머리부터 아파오는 집필거부 두통 때문에 고생을 하기도 했었습니다만－재미있으니 빨리 쓰라－는 지인들의 열화와 같은 성원을 등에 업고－겨우겨우 마흔한 번째 이야기를 끝으로 마무리를 지어서 책으로 엮어 보았습니다.

친구들 밴드에 올렸던 글이다 보니 맞춤법을 무시한 표기와 다소 고상치 못한 표현이 있기에 넓으신 이해를 구합니다.

바쁘신 와중에서도 마다치 않고 삽화를 그려주신 장경원형께도 깊은 감사를 전합니다.

마지막으로 저질체력을 타고난 저의 싱글골퍼를 향한 처절한 몸부림의 기록을 대한민국의 모든 백돌이 백순이들에게 바칩니다.

金洪鎬

추천사

홍현후배의 골프를 향한 노력과 열정의 기록은 보는 이로 하여금 숙연한 감동을 선사합니다.

- 목동제일병원원장 고응구 -

대부분의 골퍼들이 강호에서 도태되어 어정쩡한 보기플레이어로 자위하며 살아간다.

윤발의 골프는 평범하지만 결코 평범하지 않은 한 사내의 처절한 레알 논픽션 다큐이자 휴먼스토리라 할 수 있다.

- 김건욱 -

흥미진진하여 다음편이 늘 기대되는 골프 휴먼 감동 드라마!

나의 골프 인생을 대신 얘기해주는 것처럼 공감되기에 눈을 뗄 수 없었습니다.

100돌이 초보골퍼부터 싱글골퍼까지 모든 골퍼들의 공감과 뜨거운 지지를 받으리라. 확신합니다.

- 탈고를 축하드리며 후배 골퍼 장재권 -

목차

골퍼의 계급

인도의 카스트제도 브라만(승려계급) – 크샤트리아(귀족) – 바이샤(평민) – 수드라(천민) – 불가촉천민.

아마골프계도 인도의 카스트제도처럼 철저한 계급사회이다.

다만 카스트제도 하에서는 계급 간의 결혼이나 사교등등이 절대불가 하지만 골프에서는 계급간의 교류가 활발하고 상위계급이 하위계급을 직접 착취하고 있는 것이 다를 뿐이다!

1. 골프지존(초절정 고수 – 70대 골퍼들)
2. 절대고수(70대와 80대 초반을 침)
3. 고수(80초반 ~ 85까지)
4. 중간보수(86 ~ 90타)
5. 하수(91 ~ 95)
6. 개백정(96 ~ 100) 백돌이
7. 잡것들(100타 이하)

1. 골프지존

클럽챔피언 수준의 골퍼들이다.

그들은 일반 평민들과 라운딩을 해주지 않는다.

그들은 클럽챔피언 모임이라는 그들만의 리그가 있다.

그들은 자기 골프클럽에서 서식(ㅋ)하고 있다.

부킹이 안 될 때 그들한테 부탁하면 100%이다.

대개 그들의 공통점은 술을 별로 좋아하지 않는다는 점이다.

부드러운 인상에 완벽한 골프매너와 단정하게 차려 입은 단아한 모습을 하고 있다.

나이는 보통 50대이며, 곰삭은 인생 경륜을 골프에 접목시킨 안정된 플레이를 구가한다.

각종 아마대회에서 수상한 경력도 있으며, 연습장 프로들은 그들한테 돈을 잃고 간다.

투어 프로들도 깜빡 졸면 망신을 당하고 가는 정도의 수준들!

보통 250야드 정도의 드라이버포와 하느님도 치기 어렵다는 3번, 4번 아연을 떡 주무르듯 잘 다룬다.

그들은 파5에서 투온이 안 될 거리라면 절대 3번 우드를 치지 않는다.

230야드 정도의 3번 우드는 절대절명의 순간에 불을 뿜는다.

조금 짧은 파5에서는 이글을 노리며 이글 또는 버디를 낚아올린다.

열 번을 치면 9번은 7자를 친다.

물론 빽티 즉 참피언티에서 라운딩을 한다.

하수한테 온화하여 핸디도 많이 주고 하수들은 화이트티에서 치게 하고 그들은 챔피언이므로 챔피언티에서 친다.

그들에게 있어서 골프는 더 이상 운동이나 취미가 아닌, 골프를 통하여 자기수양과 자아를 실현하며, 골프는 곧 그들의 인생이다.

사회적으로도 출세한 사람들이 많고 경제적인 여유도 있는 그들은 만인의 존경과 부러움의 대상이다.

2. 절대고수

70대와 80대 초반을 반반 정도씩 친다.

그들은 우리 주변에서 자주 볼 수 있다.

골프동호회에 절대고수는 항상 몇 명은 있다.

우리도 그들을 알고 있다.

그들은 수도권 일원의 골프장에서 서식하고 있다.

매너도 좋고 핸디도 후하고 대인관계도 원만한 골퍼들이다.

고수들이나 중간보수(중수)들과 라운딩을 즐기며, 지존들과의 란딩을 지극히 꺼린다.

왜냐하면 빽티에서는 좀 약해지는 약점이 있다.

이들은 안정된 드라이버샷에 3번5번 우드를 잘 다루며 퍼팅과 어프로치도 정교한 골퍼들이다.

제법 괜찮은 아파트 한 채 정도는 골프로 해먹은 골퍼들이다.

3. 고수(81~85타)

우리 주변에 공 좀 친다는 사람들이다.

이들은 집주변의 연습장과 수도권골프장에 서식하고 있다.

이들도 골프에 관한한 수중전, 공중전, 백병전, 흙탕물, 똥물, 홍등가, 청등가를 전전하며 골프를 익힌 백전노장들이다.

이들은 하수에게 조금 가혹하다.

핸디도 지존이나 절대고수에 비하여 짜다.

개 발에 땀나면 7자도 가끔씩 친다.

그래서 절대고수들 한테 도전을 자주 하지만 번번히 좌절을 맛보는 골퍼들이다.

이들이 중간보수(중수)들의 군기를 담당하고 있다!

중간보수들과 별 차이 없는 듯 보이지만 절대로 그렇지 않다.

이 정도 수준에서의 두어 차 타수는 잘 좁혀지지 않는 차이인 것이다.

이들도 작은 아파트 한 채는 골프로 잡수신 분들이다.

4. 중간보수(86~90타)중수

조폭에서도 중간보스들이 가장 무섭듯이 골프계에서도 이들이 가장 무섭다.

하수들에게 핸디는 아주 박하게 주고 어마무시한 내기를 하여 수억을 챙긴 후에, 오천 원짜리 순두부백반 한 그릇 사주고 나머지 딴 돈은 가져가기도 하는 자가 많다.

이들은 하수나 개백정들을 골프장으로 유인하여 사정없이 때려잡는다.

개백정들은 이들의 밥이다.

이들은 개백정의 목에 빨대를 꼽아서 진액을 빠는 자들이다.

골프도 제법 치고 겨울이면 따뜻한 남쪽 나라로 반드시 전지훈련을 가는 자들이다.

이들은 동네 연습장과 전국의 골프장에서 서식하고 있다.

나이는 40대가 가장 많다.

나름 골프에 자신이 있어서 고수들한테 땅판을 부르기도 하여 백정들한테서 갈취한 금품을 고스란히 바치고 귀갓길에 동네 연습장에 들러 울분을 풀고 가는 자들이다.

이들은 골프에 푸욱 빠져 있고 골프치자고 하면 자다가도 뛰어 나오는 자들이다.

이들도 변두리 연립주택 한 채는 골프에 말아 드신 분들이다.

5. 하수(91~95타)

하수는 네 명이서 라운딩을 하면 3등 정도 하는 자이다.
중간보수들에게 그리 많이 갈취를 당하지는 않는다.
왜냐하면 이들 밑에는 영원한 봉! 개백정들이 있다.
개백정들에게 갈취하여 중간보수들에게 상납하는 자들이다.
대개는 보기 플레이어로 진급하는 자들이 많다.
이들은 항상 골프에 굶주려 있다.
연습도 많이 하지만 별로 성과는 없는 그런 자들이다.
연습장에서 레슨을 받는 자의 대부분은 하수들이며, 작은 단칸방 전세금 하나는 골프에 헌납한 자들이다.

6. 개백정(96~100타)

이름부터가 어마무시하다! 개백정!
이들의 힘 또한 어마무시하다.
7번 아이언만 주면 소도 때려잡을 정도로 무식하고 미련하고 힘만 센 자들이다.
무조건 쎄게만 치려는 자들이다.
이들은 온갖 골프 게임에서 늘 꼴찌를 하는 자들이다.
세상의 모든 골퍼들을 모두 먹여 살린다는 백돌이들!
백돌이가 없으면 전국의 캐디가 캐디피를 못 받아서 실직자가 된다.

매번 깨지면서도 부르기만 하면 불원천리 달려와서는 캐디피며 식사며 술까지 제공하며 또 불러 달라고 애원하며 귀가하는, 좀 모자란 자들이다.

개백정들이 없다면 골프계가 돌아가지 않는다.

이런 개백정들이 잡것(불가촉천민)들을 잡아다가 레슨도 해주는 가소로운 짓들을 하는 자들이다!

SKY72에 가면 백돌이 샤워부스와 싱글샤워부스가 있다.

항상 싱글샤워부스에서 샤워를 하는 자들이다.

얼굴에 백돌이라고 쓰여 있건만! ㅋ

샤워하는 모습을 보고 어떻게 백돌일 알 수 있냐고 물으시오면?

내기에서 다 털려서 저녁식사 값조차도 없기 때문에 아주 괴롭고 심각한 표정으로 샤워를 하고 있기 때문이다.

오비난 공을 찾아 산기슭을 어슬렁거리는 킬리만자로의 하이에나 같은 자들이다.

불쌍한 자들이다. 만나면 따듯하게 대해주고 핸디와 뽀찌도 후하게 줘야 된다.

7. 잡것들(100타 이상)

골프를 치는 자인지 아닌 자인지 분간이 잘 안 간다.

연습장만 다니고 라운딩을 못 나가는 자들이다.

아무도 이들을 불러주지 않는다.

대개는 손에 반창고가 붙어있다. 그래도 골프 관심은 많아서 골프 채널을 고정해 놓고 보는 자들이다.

백돌이들이 이 잡것들을 스크린으로 잡아다가 놓고 잡들이를 한다.

아주 드물게 스크린에서는 싱글도 하는 맹랑한 잡것들도 있다!

상대해서는 안 되는 불가촉천민들이다!

ㅋ 열심히 해서 빨리 백돌로 승진하시기를!

골프 먹이사슬에서 한 단계 신분상승하기 위해서는 뼈를 깎는 노력이 수반되어야 한다.

먹이 피라미드의 위로 가면 갈수록 신분상승은 점점 어려워진다.

멀고도 험하지만 가야할 길!

그래서 더 가보고 싶은 길── 싱글의 길!

이상 골프생태계의 먹이사슬을 한 번 정리해 보았습니다!

다시 저의 골프 이야기로 돌아가도록 하겠습니다!

－이 골퍼의 계급이 각종 골프밴드와 인터넷을 뜨겁게 달구어 저를 일약 스타덤(?)에 올려놓은 글이 되었습니다!－

골프이야기_그 첫 번째

고난의 시작

스님들이 스승으로부터 화두를 받고 용맹 정진하여 깨달음을 구하듯, 우리 골퍼들도 싱글이라는 화두를 들고 골프에 매진한다!

꾸준한 수행과정을 통하여 깨달음을 얻고 그 얻은 깨달음을 유지하기 위하여 부단히 노력해야 하는, 불교에서 말하는 돈오점수가 바로 골프이다!

성철스님이 말씀하시는 돈오돈수－수행을 통해 한 번 깨달음을 얻으면 끝이며, 그때부터는 계속 득도의 경지라는!

그러나 골프는 절대 돈오돈수가 아니다! 그 깨달음을 계속 유지하기 위해서 계속적인 뼈를 깎는(?) 처절한 수행을 필요로 한다.

그 고행의 과정에서 많은 사람들이 골프를 포기하거나 백돌이로 쓸쓸하게(?) 골프인생을 마감한다!

실제로 통계에 의하면 골프를 시작한 사람들 중에서 30%만이 백파(깨백)를 한다고 한다!

O.K없이 99타를 치기도 쉽지 않음을 모든 골퍼들은 알고 있다.

대부분의 골퍼들은 지인으로부터 골프채를 기증(?)받아 골프를 시작한다.(기증한 지인들은 하나 같이 – 이 클럽으로 100타까지는 칠 수 있을 거야 – 하며 생색내며 준다!)

생각해보면 지인들이 기증한 골프채가 얼마나 올드하고 허접한 채였던가? 거의 골동품수준의 클럽도 많다.

그 허접한 채 중에서 제일 허접한 7번 아이언(그들이 제일 많이 썼던 채이므로)과 싸구려 골프화 또는 그냥 운동화, 옷은 집에서 입는 허름한 츄리닝 그리고 이마트의 연습용장갑을 준비하여 – 동네 구석진 곳에 위치한 지하연습장(우리가 닭장이라 부르는)에서, 그렇게 골프라는 위험한 길을 걷게 된다!

얼마나 멀고도 험난한 길인지도 모른 채! 그저 정신적인 사치와 간지만을 위하여 –

그저 피상적으로 만만하게 보았던 골프가 닭장에서 똑딱이를 일주일 정도 치면서 만만치 않음을 알게 된다!

온몸이 뻐근하고 쑤시는 허리와 팔뚝, 손의 물집!

더욱더 주눅 들게 하는 것은 닭장프로의 약간 시니컬한 가르침과 다른 사람들이 벽에 붙은 포대자루에 드라이버며 아이언을 빵빵 쳐대는 소리!

밀가루포대 찢어지는 소리! 아비규환의 소리!

그렇게 스윙은 조금씩 만들어져 가고 연습장에 말을 트고 지내는 사람들도 조금씩 생길 즈음이면 꿈에도 그리던 드라이버를 치게 된다!

생각해보라! 처음 드라이버를 잡고 밀가루포대를 향해 3미터를 날렸을 때의 쾌감!

집에 가서 마눌이나 남편한테－나 오늘 드라이버 쳤다! 완전 짱짱하게－잘남빵을 떨었던 그날!

그렇게 그렇게 닭장프로의 구박과 연습장의 오지랖 넓은 아저씨들에 의해 엉성한 풀스윙이 만들어져 가고 있다.

돌이켜보면 여기까지 온 여정도 결코 쉽지 않았다.

닭장프로의 구박도 이겨내야 했고 동네 연습장 아저씨, 아줌니랑도 맥주도 제법 많이 마셔야 했다.

같이 시작 했던 영감님과 아주머니는 이미 포기하시고 보따리 싸서 집으로 돌아가셨고 새로 들어온 하수들도 제법 있어서 그들의 부러움을 사기도 했던 가소롭던 시기였다!

이제 닭장을 벗어나서 새로운 넓은 세상(?)으로 나아가고 싶은 단계이다!

골프이야기_그 두 번째

지하에서 지상으로!

나름 정들었던 지하닭장의 아저씨, 아줌니, 영감님 그리고 닭장프로와 눈물의(?) 송별식을 끝내고 세칭 인도아라 일컬어지는 지상의 골프연습장으로 그렇게 그렇게 기어 올라왔다!

한 달 회비도, 코치비도 지하보담 많이 비싸다!

지금도 그렇지만 그때는 그저 밥 먹고 살기 바빴던 시절이라!ㅠ 부담스럽다!ㅠㅠ

－그래! 술값을 아끼고 골프에 투자해보자!－

헉! 저 멀리 망에 200 yard라고 쓰여 있다!

I've never seen such a long……!

타석이 1, 2, 3층 도합 150개!

(내가 연습하던 닭장은 타석 7개였는데, 그래서 사람들 많을 때는 눈치 보여서 한 시간 이상 연습할 수 없었는데－)

규모에 조금 주눅이 든다!

주위를 둘러보니 닭장이랑 달리 이쁜 처자들이 형형색색의 옷을 입고 연습을 하고, 간지 나는 남자들도 많다!

나는 지금 고무줄이 늘어난 허름한 반바지를 입은 지라 스윙 세 번 하면 내려온 바지 한 번 올리느라 바쁘다! 라운드 티도 목이 졸라 늘어난 허벌레한 차림의!

아우씨! 동네 닭장은 다 이러고 오는데ㅠ

지금 나는 몹시 쪽팔림을 느끼고 있다!

코치가 왔다! 나 보러 7번 아이언을 들고 쳐보란다! 내샷을 보더니, 비웃음이 살짝 스쳐 지나가는 것을 보았다!

넓은 곳이 처음이라 세게 치려하니 공은 안 맞고 뒷땅에, 앞땅에－빈스윙으로 넘어 질 뻔 하고 드라이버는 어떻게 쳤는지 천정에 맞기도 하고 내 주변 사람들의 신변을 위험하게 했다!

코치 왈, 처음부터 다시 해야겠군요!

프로가 열 명은 넘는 듯 한데 다 바쁘다!

나한테는 하루에 오 분도 채 할당이 안 된다!

그저 매일 뒤에서 쳐라! 덤비지 마라! 헤드업 하지 마라!

한 달 내내 이 세 이야기만 들었다!

그것도 기분 나쁜 어투로－

미니스커트를 입은 이쁜 처자들은 폼도 교정해주고 지극 정성으로 가르치고 또 미모가 안 되는 아주머니들은 담배도 사주고 용돈도 주는 듯 했다! 나 같은 호구들은 배우는 거 없이 돈만 버린다는 생각이 들었다!

과감히 독학을 선언했다!

그때의 잘못된 독학 선택이 내 골프인생을 파란만장하게 만들었으며 오랜 시간을 깨달음 없는 헛된 세월만을 보내게 하였다!

골프이야기_그 세 번째

멀고도 험한 독학의 길

닭장에서의 골프연습은 길어야 두 달을 넘기면 안 된다.

3미터 밀가루포대에 빵빵 쳐대는 샷에는 90도에 가까운 슬라이스와 훅이 묻혀 있으며 어마 무시한 뒷땅, 앞땅이 숨겨져 있다. 내 샷의 진실을 왜곡한 채!

닭장에 1년 이상 머무는 사람들이 왜 맨날 백도 못 깨는지 알 수 있었다! 자기 샷을 끝까지 못 보니까!

닭장에서 제일 잘 치는 아저씨가 필드에 갔다 와서 108개를 치고 왔다고 의기양양해 하길래, 그 당시 필드스코어에 문외한인 나는 108개가 타이거우즈 스코어랑 같은 수준인 줄 알았다.

닭장을 탈출하면 골프가 완전 늘 줄 알았던 내 기대는 한 달 만에 indoor 프로들의 박해(?)에 의해 산산이 깨어졌다.

그래! 혼자 연습하자! 결심을 했다! 나 혼자 골프를 정복하리라! 내가 언제 바둑을 누구한테 배워서 두었더냐?

당구 300점을 치면서 누구한테 배운 적이 있더냐? 아마탁구의 고수는 또 누구한테 배워서 되었더란 말이냐?

골프스윙에 관한 책자와 막내매형한테 레드베터 비디오를 빌려 보면서 용맹정진에 들어갔다.

그 당시 책에서 봤던 가장 기억에 남는 말이－임팩트는 어드레스의 재현이다!－그때 그 말이 무슨 말인지? 절대 몰랐었다! 지금 생각건대 아마도 빽스윙 할 때 올렸던 그대로 내려와서 공을 치라는 말일 듯!

7번 아이언이 100야드를 못 나가고 있다. 그때는 몰랐지만 7번 아이언의 탄도가 무지하게 낮아 펀치샷 수준이었다. 왜냐하면 7번 아이언의 각도대로 치지 않고 채를 덮어 치니 공이 안 뜰 수밖에 없다.

또 팔로우는 아예 없으니 더욱더 안 뜬다!

드라이버는 우찌 그렇게 공 밑둥을 얇게 쳐내는지? 샌드에 완전 눕혀 치는 것처럼 공이 지붕에 맞고 떨어지기가 다반사다! 내 앞뒤에 연습하는 사람들은 생명의 위협을 느끼는지 슬금슬금 연습을 빨리 끝내고 간다. 어떤 사람은 내가 연습하면 자리를 바꾸어서 나랑 멀리 떨어진 곳으로 가기도 했다.

그래도 나는 아랑곳 하지 않고 나랑 비슷하게 골프를 시작한 은행 같이 다니던 형아랑 둘이서 매일 저녁 연습장에서 만나서 서로의 폼을 봐 주면서 잘못된 방법으로 미친 듯이 연습을 했다. 여름에 시작한 골프가 벌써 겨울을 눈앞에 두고 있다.

양손은 찢어져서 피가 흐르고 그 위에 대일밴드 몇 개씩 바르고 또 반창고로 칭칭 싸매고 - 거지 발싸개 같은 손으로 샷! 샷! 샷 - 찢어지고 얼어 있는 손에 뒤땅이라도 치면 그 아픔은 뼈를 타고 뇌를 타고 나의 오감에 퍼져 나간다! 다 아시죠? 겨울 뒷땅의 아픔!

반창고를 떼어내고 씻을 때 너무 아파서 눈물이 난다.

몸은 왜 그리 쑤시고, 아프고, 땡기고 온통 파스로 도배를 하고 다녔다! 내가 매일 연습장 갔다 와서 끙끙 앓으니까 어머님께서 골프 당장 때려 치라고 하셨지만 나는 포기할 수 없었다.

왜? 때려치더라도 필드는 한번 나가보고 때려쳐야지요! 대비마마!

골프이야기_그 네 번째

잘못된 만남

11월에 접어들면서 연습의 강도를 부쩍 올렸다.

주말에는 하루 종일 만원하는 연습장에 아점 먹고 11시쯤 가서 저녁 6시까지 연습을 하곤 했다.

하루 종일 만원하는 연습장이 오죽할까? 지금 생각해 보면 잘 맞았는데도 거리가 안 났던 것도 그 후진 연습장에서 공을 교체하지 않아서 공들이 전부 썩은 공들뿐이어서였다.

손은 찢어졌다 붙었다를 반복하면서 제법 두꺼운 굳은살이 박혀가고 있다. 그래도 또 다른 곳이 찢어지고 아물고, 그립을 매번 다르게 잡았던 것 같다. 계속 새로운 곳에 상처가 나는 것을 보면 말이다.

왜 그렇게 여기저기 확 그냥! 막 그냥! 상처가 나는지? 생각조차 해본 적이 없다.

골프를 배우는 중에는 다 그렇게 손이 망가지는 줄만 알았었다.

소시쩍에는 가끔씩 룸싸롱도 가곤 했는데-부루스라도 함 치려고 손을 잡으면, 거기 언니들 왈- 오라버니 막일 하셔요? -그 정도로 손이 험했을 정도였다.ㅠ

노력한 보람이 있어 7번 아이언이 100야드 지점에 떨어지고 있다. 꿈에도 그리던 100야드 비거리 달성!

그 날 100야드 돌파 기념으로 멋진데 가서 가족외식을 했다. 남자가 7번 아이언으로 100야드 날렸다고 외식을 했을 정도니 그 당시 나의 골프의 무지함은 상상을 초월했던 듯하다! 이층에서 연습했으므로 탄도가 낮은지 조차도 몰랐고 탄도의 중요성도 몰랐다! 그 당시 나의 아이언샷은 전부 박아치는 샷이었다.

찍어치는 샷은 방향과 거리, 탄도 모두 훌륭하고 팔로우가 이루어진다.

그러나 박아치는 샷은 맞추기에 급급하므로 각자의 아이언 고유의 각도를 무시한 채 덮어서 펀치샷으로 잔디에 깊게 쳐박는 샷이다. 물론 잔디에 깊게 박힌 아이언은 빠져 나오지 못하니 팔로우는 아예 불가능한 우스꽝스런 샷이다!

그때 나쁘게 길들어진 박아치는 샷은 내가 80대 중반 칠 때까지 오랜 기간 동안 내 골프의 발목을 잡았다.

드라이버는 제법 스윗스팟에 맞기는 맞는데 전부 슬라이스다. 그래도 장족의 발전이다.

같이 만나서 연습하는 형님이랑 매일 서로 잘못된 레슨을 해주고 있다. 매번 연습할 때마다 폼이 달라진다.

매번 새로운 이론을 가지고 서로에게 틀린 레슨을 계속하고 있다. 우리가 만나지 않았더라면 조금은 더 빨리 골프가 늘지 않았을까 하는 생각을 해본다!

39살의 겨울! 이제 얼마 지나지 않으면 말로만 듣던 40살이 된다! 불혹의 나이 사십! 머언 먼 젊음의 뒤안길에서 이제는 돌아와 거울 앞에선 내 누님 같이 생긴 꽃이여!

서정주의 국화 옆에서의 누님의 나이가 40이다.

사십을 바로 몇 미터 앞에다 둔 그 초겨울의 을씨년스러움이란!————

필 받는 날은 점심식사 후에 회사 근처의 연습장에서 낮1시부터 밤11시 문 닫을 때까지 연습을 했다.

물과 담배(그 당시에는 흡연자였음) 이외는 아무것도 먹지 않고 용맹정진! 뱃살이 2인치가 빠졌고 얼굴이 핼쑥해져서, 모친께서는 다시 대학생이 되었다고 좋아하셨었다!

드디어 돌아오는 일요일에 서울 근교의 골프비기너들의 필수코스인 1.2.3골프장(6홀)을 가기로 약속을 했다.

6홀짜리지만 실전을 뛴다는 기대감에 가슴이 설레었다!

골프이야기_그 다섯 번째

개몰이

일요일 아침 9시에 1.2.3골프장에 도착했다. 도착한 빽순으로 나가는 골프장이다.

기다리고 있는 사람들이 어찌나 많은지 12시쯤 되어야 나간다고 한다.

같이 간 친구랑 클럽하우스에서 해장국으로 늦은 아침을 먹고 바로 옆 연습장에서 최종점검을 했다.

방송으로 내 이름이 나온다－빨리 올라오란다. 곧 나간다고－헐레벌떡 올라갔더니, 같이 칠 사람들이라며 2명을 조인시켜준다.

목례를 나누니 캐디가 쇠봉 4개를 주고 뽑으란다.

내가 1번이다!ㅠ

지금도 잊지 못할－아니! 영원히 잊지 못할 1.2.3첫 번째 홀! 파3 내리막 160야드! 앞 팀이 티샷을 하는 것을 보며 담배를 꺼내 물었다. 어찌나 긴장이 되던지 담배가 쫙쫙 빨린다!

내 차례가 왔다. 서서히 숏티를 꼽았다. 아끼고 아끼던 탑플라이트 공(우리 막내 매형이 1.2.3.간다고 했더니, 공 1박스를 주었는데, 그 공이 이 세상에서 제일 좋은 공 인 줄 알았다.)을 티 위에 올렸다.

다른 아이언은 쳐 본 적이 없기에 7번 아이언으로 세차게 가라 스윙을 했다!

내심 자신이 있기도 했다. 7번 아연이니까!

있는 힘을 다해서 샷!——— 쪼루성 슬라이스가 나면서 오른쪽 연습장 쪽으로 30야드 굴러간다.

그 허망함! 그 절망감! 그 쪽팔림! 너무 허망하여 한참을 서 있었더니 캐디가 빨리 내려오란다.

연습장이랑 다른 것은 한 번의 기회밖에 없다는 거다.

하나만 더 쳐보고 싶었지만 허락되지 않는다.

함께 간 친구는 드라이버를 잡았다. 캐디들이 말렸지만 끝까지 드라이버를 고집해서 결국 드라이버 티샷!

160야드를 드라이버로 쳤는데 완전 잘 맞아서 담장 넘어 개인주택 있는 곳 까지 날아갔다!

그 친구는 그 때 부터 6홀이 끝날 때까지 4명의 캐디언니들로 부터 집중 갈굼을 당했다.

160야드지만 내리막이라 굉장히 멀어 보였다. 초심자 때야, 거리감이 없으니 드라이버 치겠다고 우긴 것도 지금 생각해

보면 아주 이해가 안 되는 것도 아니다.

나한테는 공을 들고 한참 앞에 가서 공을 치라고 한다. 50야드 정도 될 듯 한데 샌드로 강 어프로치 그린 넘어 벙커로－벙커에서 다시 이쪽 벙커로－온탕, 냉탕 결국에는 시간 오바에 걸려서 퍼팅도 못하고 2번째 홀로 쫓겨갔다.

파5! 드라이버를 잡고 있는 힘을 다하여 샷! 악성 슬라이스로 숲으로 간 공은 찾을 길이 없다.

두 번째 홀부터 캐디들의 개몰이가 시작된다. 다 못치는 사람들이라서 그렇게 하지 않으면 진행이 되지 않는다고 한다. 막 몰아 제끼는데 왼쪽 종아리에서 쥐가 날 뻔했다.

캐디들의 무자비한 개몰이로 어찌 어찌 6홀이 끝났다.

드라이버도 한개 정도는 잘 맞았고 7번 아어언도 몇 개 잘 맞았다. 하수 때는 그 날 잘 맞은 것만 생각하고 싱글이 되면 그 날 잘못친 샷만 생각난다고 한다.

왠지 막연하게 나는 앞으로 골프를 잘 칠 것 같은 착각에 너무나 행복하여 그날 함께 간 친구와 골프이야기와 무자비하게 몰아붙였던 캐디들을 안주 삼아 대취한 날이기도 했다. 정식으로 머리 올릴 때 까지 1.2.3의 개몰이를 10번 정도 더 당했다.

골프이야기_그 여섯 번째

머리를 올리다!

한국 남자들은 12월의 망년회만 잘 넘기면 또 1년은 더 살 수 있다고 한다!

망년회가 시작되어 매일매일 술과 사투를 벌이는 와중에서도 틈틈이 연습을 게을리 하지 않았다.

언 손에 뒤땅의 뼈를 깎는 아픔도 나의 향학열(?)을 꺾지는 못했다.

1.2.3도 십여 회 갔고 캐디들의 개몰이에도 익숙해 졌고 가끔씩 파3에서는 파를 하기도 했다.

드라이버는 연습장에서 아무리 연습해도 슬라이스가 잡히지 않는다!

하느님도 내신다는 그 슬라이스! 슬라이스!

슬라이스를 잡아라!

지금은 인사동에서도 구할 수 없는 아주 작은 헤드의 5번 우드도 제법 친다.

샌드 어프로치도 내심 제법 잘 한다는 생각이 든다.

이제 머리 올릴 만반의(?) 준비는 끝나있다.

근데 주변 친구들은 아직 골프를 시작도 하지 않았기에 머리를 올려 줄 사람이 없다.

솔직히 어떻게 부킹해서 공치러 가는 줄도 몰랐다.

단지 회원권이 있어야 칠 수 있다는 것만 알았다.

어머니 앞에서 한숨을 쉬며 우울한 말투로 – 골프를 치고 싶은데 회원권이 없어서 못 친다 – 했더니, 어머님께서 막내누나한테 나의 한숨을 전했고 또 누나가 자형한테 또 나의 한숨과 우울함을 전해서 – 드디어 나의 머리올리는 날이 정해졌다!

세심한 막내자형이 처음 머리올리는 사람의 주의사항과 준비물 등등을 인터넷에서 출력하여 20장 정도를 보내주었다.

머리 올릴 날만 기다리며 또 십여 일을 칼을 갈고 갈았다.

내일이면 드디어 정식으로 내 골프인생이 시작된다!

설레임에 밤잠을 설쳤다.

1999년 5월 1일 근로자의 날, 대영루비나CC(여주에 있는데 지금은 이름이 스카이밸리로 바뀌었다고 한다)에서 티샷을 기다리며 사람들이 몸을 풀고 있다.

순서가 정해지고 내 티샷 차례가 왔다. 후들후들 다리가 떨림을 느꼈다!

아무 소리도 들리지 않는다. 어떻게 티를 꽂고 공을 올리고 드라이버를 쳤는지 전혀 기억나지 않는다.

뒤에서 굿샷! 하는 소리에 정신이 들었다.

공이 정통으로 맞아서 똑바로 날아가고 있었다!

매형친구들이 - 처남 연습을 많이 했나봐! 첫 샷을 그렇게 잘 치다니 - 아 다행이다! 휴우!

세컨샷! 캐디가 거리를 불러주는데 나는 무조건 7번을 달라고 했다!

동반자들의 스포트라이트를 받으며 비장의 세컨샷!

있는 힘을 다해서 뒷땅을 쳤다.

잔디가 한 삽이 뚝 떨어져 나갔고 공은 바로 앞에 떨어졌다.

그때까지는 내가 그렇게 힘이 센 줄 몰랐다.

그 작은 아이언으로 잔디 한 삽을 떠낼 정도의 파워!ㅠ

그 다음부터 18홀이 끝날 때까지 공이 떠서 나간 게 하나도 없었고 온탕, 냉탕하면서 자형친구들의 플레이를 완전 망쳐놓았다. 물론 그 때는 망쳐놓는다는 것도 몰랐다.

그렇게 너무도 분하고 원통한 나의 머리올리기가 끝이 났다.

골프가 끝나고 저녁 식사하는 자리에서 오늘 골프 친 이야기를 계속하는데 너무 괴로웠고 매형친구들이 - 처음에는 다 그렇고 앞으로 잘 칠거란 - 위로와 격려가 나를 더 초라하고 슬프게 했다.

밥을 먹는 둥 마는 둥 애꿎은 맥주만 졸라 마셨다!

그렇지만 내 가슴 저 밑바닥에서 불덩이 같은 열정이 꿈틀

대고 있었다! 언젠가는 골프의 최고수가 되리라는!

앞으로 얼마나 멀고도 험한 길을 가야 할지도 모른 채!

주여! 어디로 이 어린 양을 이끄시나이까?

(저 교회 안다녀용ㅋ)

골프이야기_그 일곱 번째

가산골퍼를 향하여!

핑크빛 무드를 꿈꾸었던 머리올리던 날! 허망하게 무너져 버린 내 자존심!

그날 이후 골프를 대하는 나의 마음가짐이 달라졌다.

모랄까? 좀 더 진지해졌다고 할까?

실전을 해야 골프가 늘 거라는 막연한 생각에 올림픽CC를 자주 갔다. 9홀인데 혼자 가도 조인해준다. 같은 코스를 2바퀴 돈다.

제법 거리도 길고 상태도 괜찮은 골프장으로 기억된다.

연습 열심히 하고 가끔씩 라운딩 하니까 그린주변까지는 잘 가는데 그린주변에 와서 온탕, 냉탕을 반복하고 퍼팅은 기본 4퍼트다.

제일 무서운 것은 벙커였다. 한 번 빠지면 벙커 안에 모래를 다 퍼내지 않고는 나올 수 없다는 그 어마무시한 벙커!

지구상의 날씨는 딱 두 개다!

골프를 칠 수 있는 날과 골프를 칠 수 없는 날.

인간은 크게 둘로 분류된다.

골프를 치는 인간 그리고 골프를 못 치는 인간.

또 골퍼를 크게 둘로 나눌 수 있다.

하나는 셀 수 있는 골퍼(가산골퍼)와 셀 수 없는 골퍼(불가산골퍼)－(무슨 영어 문법시간 같으네요－가산명사, 불가산명사)

롱게임은 제법 늘었지만 숏게임 난조로 아직 언카운터블(불가산골퍼)에 머물러 있다.

나의 오랜 경험에 의하면 126타 부터는 카운터블(가산골퍼)이다.

18홀을 전부 트리플보기를 하면 126 타이다.

가산골퍼의 상태는 같이 라운딩하는 사람들한테 티샷이나 페어웨이에서는 큰 불편을 주지 않는다.

물론 드라이버는 14번 중에서 4～5번 정도 오비가 난다.

7번 아연으로 가끔씩 투 온도 시키기도 한다.

파온을 한다 해도 퍼팅난조로 파는 절대 불가능하고 보기할 확률도 19% 대개는 떠블보기를 한다.

중딩동창, 고딩동창, 대학동창으로 이루어진 잡색군이 결성되어 일요일 올림픽CC에서 라운딩을 하기로 하였다.

잡색군이지만 드디어 친구들만의 팀이 구성된 기념비적인 날이었다.

거기서 나는 118타를 쳤다.

드디어 가산 골퍼가 되었다.

가산골퍼! 종2품의 가선대부보다 높다는!ㅋ

그날 처음 만난 잡색군들이 마치 몇 십 년 지기인양, 새벽까지 여기저기 옮겨 다니며 술에 촉촉이 젖어든 하루였다!

돌이켜 보면 첫 홀 보기로 적어 주었고 양파는 트리플로 적었을 것을 감안하면 아마도 126타정도 친 듯하다.

드라이버 200미터 정도 오비3방, 파3에서 파도 한 개 잡고 분명한 대진화였다!

개몰이에서 인간으로의 진화가 시작되고 있다!

다음 목표는 108번뇌이다! 전부 떠블 보기면 108개이다! 가자! 윤발아! 가자! 108개를 넘으러!

골프이야기_그 여덟 번째

백팔번뇌

——파르라니 깍은 머리 박사고깔에 감추오고
두 볼에 흐르는 빛이 정작으로 고와서 서러워라——
세사에 시달려도 번뇌는 별빛이라————
얇은 사 하이얀 고깔은 고이 접어 나빌레라!

염주 한알 생의 번뇌!
염주 두알 사의번뇌!
염주 세알 오비번뇌!
염주 네알 방카번뇌!
염주 다섯알 해저드 번뇌!
염주 여섯알 트리플번뇌!
염주 일곱알 양파 번뇌!
염주 여덟알 드라이버 번뇌!
염주 아홉알 아이언 번뇌!

·
·
·
·
·

염주 백팔알 캐디 번뇌!

그래! 조지훈 시인은 “번뇌는 별빛”이라 했다!
별빛은 해가 뜨면 스러진다!
도도하고 강렬한 태양이 되어 번뇌를 극복하자!

이때에는 골프라운딩에 관한한 시간불문, 장소불문, 동반자 불문이었다!
그저 나의 모든 포커스는 108번뇌 극복에 있었다.

밤 11시 50분에 전화가 왔다! 내일 새벽 첫티샷 5시 30분, 충북진천의 천룡CC－한사람 갑자기 빵구 났는데 너 갈래?

I said "아이고, 감사합니다! 내일 뵙겠습니다!"

전화 받은 이후 잠을 이룰 수 없었다.

라운딩을 나간다는 설렘과 일산에서 진천까지 가려면 초행길이라 아무리 새벽이지만 세 시간은 족히 걸리기 때문에 거의 날밤을 까고 갔다.

그 당시에는 내비게이션이 없어서 골프장지도 책자를 보고 겨우겨우 제시간에 도착하여 라운딩을 시작했다!

잠 한숨 못 자고 그 먼 진천까지 혼자 운전을 해서 간 120돌이가 과연 공을 얼마나 잘 쳤을꼬?

그저 5번 우드로 그린에 올려서 파 잡은 것만을 위안으로 삼고 쓸쓸히 돌아왔다!

그래도 5번 우드가 정통으로 맞은 짜릿한 손맛은, 어마무시 막히는 귀가길 내내 나의 박카스가 되어 주었다.

하수들은 그날의 잘친 샷만 기억하고 고수는 못 친 샷만 기억한다고 이전에 내가 말한 적이 있었죠?

친구의 지인들이랑 같이한 라운딩인데 한 명은 잘 치는 것 같았고 친구와 또 한 명은 내 수준!

그때는 내공 치기 바빠서 다른 동반자 잘치고 못치고는 거 생각할 겨를도 없었다.

내 타수를 세지 못해서 한 번 칠 때 마다 왼쪽 주머니에서

십 원짜리 동전을 오른쪽으로 옮기곤 했던 시절이었다.
찔렁찔렁 동전을 가지고 다니던 워낭시절이었다.

평소 친하게 지내는 교수님한테 전화가 왔다! 내일 춘천CC, 동반자는 교수님 형수랑 부인이라고 했다! 갈래?
또 나는 "아이고 감사합니다! 내일 뵙겠습니다!"

지금 생각해보면 오바마 대통령이라도 지한테 전날 밤 12시에 전화해서 그 먼 천룡CC-아무리 여름이라지만 그것도 첫 티샷!을 가자고 할 수 있을까요?

교수님 형수랑, 부인이랑 가족라운딩에 내가 푼수처럼 왜? 껴서 ㅠㅠ-지금 생각해 보면 내가 O형 특유의 단순무식쟁이이다!
암튼 108번뇌에서 벗어나려 주유천하했건만 번뇌는 별빛 속을 헤매이고 있다!

그러던 어느 날 나에게 내 골프인생에 한 획을 긋는 획기적(?)인 사건이 일어났다!
막내자형이 나를 가족 회원으로 올려주고 미국유학을 떠났다!
이제는 비록 겨울이고 주중이지만 내가 내손으로 부킹해서 라운딩을 할 수 있다!

나도 핵(?)보유국이 되었다.

그 추웠던 1999년12월~2000년2월의 겨울을 여주에 있는 대영루미나(현재는 스카이밸리)에서 보냈다.

그 추운 겨울새벽 여주해장국에서 만나서 선지해장국과 소주 반 병씩으로 언 몸을 녹이고 골프장 도착해서는 라운딩 하면서 마시던-

정종대병을 팔팔 끓여서 보온병에 담고 안주는 육포로-그 때를 아십니까!-

그 당시 라운딩멤버는 옛날 은행엉아들인데 우리 네 명 타수를 더하면 500타가 넘을 듯!

그 추운 겨울 내내 우리는 캐디언니들에게 테러를 가하곤 했다. 그 캐디언니들 완전 재수 옴 붙은-상상을 해보라! 네 명 타수가 500타 이상! 그건 정말 소름끼치는 테러이다!

아직도 나는 네 명 합산 500타를 넘는 팀을 본 적이 없다! 이럴 때 쓰는 말이 I've ever never seen. ㅋ-

게다가 한 형은 공을 꼭 찾게 한다. 매홀 매타 마다 없어지는 그 공을 매번 찾게 한다! 호환, 마마, 전쟁보다 무서운 엉아! 실명을 밝히고 싶지만 참겠습다! ㅋ

그 당시만 해도 아웃도어시장이 성숙되지 않아서 겨울 골프 의상은 완전 두꺼운 파카에 목도리, 솜 누비바지, 털모자, 양손 장갑, 양말 두 켤레씩 신고 뒤뚱뒤뚱 거리면서 아이언을 들고 걷는 모습은 말로만 듣던 만주의 개장수 모습이 아니었을까?

2000년 2월까지 혹한기 라운딩과 맹연습은 드디어 108번뇌의 깊은 수렁에서 나를 건져주었다!

그 추웠던 2000년 2월의 어느 날 108번뇌는 떠오르는 태양 앞에 스러지는 별빛처럼 그렇게 스러져 갔다!

108번뇌를 뛰어넘어 이제 계백장군과 백제의 마지막 결사대 오천 명이 지키고 있다는, 난공불락의 깨백성 전투를 앞두고 있다!

가자! 깨백하러, 깨백성으로!

골프이야기_그 아홉 번째

난공불락의 성! 깨백성!

아마추어골퍼에게 있어서 100타를 깬다는 것은 상당히 의미가 있는 일이다.

작은 무역회사가 100만 불 수출탑을 수상하는 것과도 같은!

처음 골프를 시작한 사람들 중에서 100타를 깨는 골퍼의 수는 그저 30%에 불과하다고 한다.

100파를 했다는 것은 향후 90파, 80파를 하여 70대 싱글로 갈 수 있는 골프중독자의 DNA를 가지고 있음을 의미한다.

그러나 깨백을 하기 위해서는 황산벌의 계백장군과 그 휘하의 백제의 마지막 결사대 오천 명이 지키고 있는 깨백성을 함락하여야 한다!

깨백성(100파)공략을 위한 훈련이 시작되었다.

99타를 치지 못하는 원인을 면밀히 분석해 보았다.

항상 파5에서 양파 또는 에바, 트리플 하기가 일쑤였다.

파5는 보통 전장 500m 정도이다.

온 그린을 하려면 드라이버, 우드, 아이언 이렇게 적어도 3가지 무기를 사용할 줄 알아야 한다.

이제 드라이버는 200 m 정도를 날리고 가끔씩 쪼루도 나지만 오비는 두어 방 정도 밖에는 나지 않는다.

문제는 세컨샷에서 3번 우드를 쳐서 세컨 오비를 자주 낸다는 것이다.

3번 우드가 어디 그리 만만한 채이던가?

왜 3번 우드일까? 세 번 쳐서 한 번만 잘 맞아서 삼번 우드라고 부른다ㅋ.

연습장에서 어마무시하게 연습을 해도 그놈의 슬라이스는 잡히지 않는다.

실전에서 3번 우드는 치면 오비 또는 쪼루다.

우드만 잘 칠 수 있다면 깨백성 함락이 어렵지 않을 거 같은데, 아무리 연습해도 안된다.

그때는 속칭 고구마라고 하는 유틸리티가 없던 시기였다.

연습장에서 아이언은 6번까지는 제법 잘 쳤던 것 같다.

어프로치나 퍼팅은 백돌이 수준!

퍼팅할 때 절대로 반대편에 가서 라이를 보지 않는 수준이다.

그러던 중 비보를 접하게 된다!

미국 간 막내자형이 회원권을 팔았다는 이메일을 받았다.

오호통재라! 오호애재라!

3월이 되어 필드에는 봄이 왔지만 나의 빼앗긴 들에는 봄이 오지 않았다.

핵보유국에서 다시 비핵보유국으로 전락해야만 했던 찬란한 슬픔의 봄이었다.

궁하면 통하고 통하면 변한다 했다!(궁즉통 통즉변)

그 우울했던 시기에 거래처 사장님이 나를 서서울CC에 초대하여 핸디를 25개 받고 처음으로 내기를 했다.

처음하는, 이름하여 오장내기(오천원, 만원)에서 핸디를 지키고 조금 땄던 걸로 기억된다.

앞으로 핸디는 15개 받고 일주일에 한번씩 같이 라운딩을 하기로 했다!

와우! 집에서 처음으로 가까운 골프장에서 라운딩을 했다. 저녁식사를 느긋하게 하고도 집에 오니 9시가 되지 않는다.

지금까지는 보통 두 시간 이상을 달려야만 하는, 골프장을 전전했던 나에게 있어서 서서울CC라운딩은 몹시 고무적인 사건이었다. 이제 삼십분 거리의 골프장에서 일주일에 한 번씩 란딩을 할 수 있다.

그것도 내가 지금까지 같이 란딩해 본 사람들이랑 완전 다른 고수들과의 라운딩이 보장되어 있다!

안도감과 뿌듯한 충족감에 숙면을 취할 수 있었던 하루였다.

그렇게 그렇게 고수들과의 란딩을 먹고 내 골프 실력은 무럭무럭 자라고 있었지만 102타, 101타는 가끔씩 치는데 99는 절대 안 된다.

내기를 하기 때문에 오케이는 정말 엄격했다.

난공불락의 성 깨백성은 너무도 견고하여 나에게 번번히 좌절을 안겨 주었다!

고지가 바로 저긴데 여기서 말수는 없다!

깨어지고 부서지더라도 가야만 하는 백파의 길! 깨백의 길! 좀 만 더 해보자! 조금만 더! 이렇게도 간절함이여!

골프이야기_그 열 번째

깨백성을 함락시키다!

내일의 깨백성 전투에 대비하여 최종적으로 병장기점검과 간단한 훈련을 마치고 군사들을 배불리 먹이고 푹 쉬도록 했다.

깨백성은 고양현 원당벌에 있다.

그 곳 지리에 밝은 예쁘장한 여자아이가 길안내를 하기로 했다.

이름은 계디라 했다.

공성퇴의 접근을 막으려고 깨백성에서 쏘아대는 화살이 마치 불꽃놀이의 스러지는 불꽃처럼 하늘을 하얗게 수놓고 있다.

공성퇴가 깨백성의 성문을 전속력으로 열 번을 들이 박았다.

꽝!꽝!꽝!── 꽝꽝! 꽝꽝!── 꽝꽝꽝!

우지직! 난공불락이라 생각했던 깨백성문이 드디어 열렸다.

전군 성안으로 진격하라!

나의 청룡언월도 드라이버는 하늘을 가르고 장팔사모 아이언은 땅을 갈랐다!

투둑! 투두둑!——— 툭툭!

깨백성 수비대의 목 떨어지는 소리가 오랫동안 계속되었다!

나는 혼신의 힘으로 근 다섯 시간의 칼춤을 추었다!

그래! 필사적인 검무!

피와 땀이 뒤엉긴 모습은 마치 저승사자와도 같았다.

싸움은 끝이 났다.

피가 내를 이뤄 흘러갔으며 시체가 산더미처럼 쌓였고 머리 없는 시체가 여기저기 나뒹굴고 있다.

깨백성 수비대는 전멸되었다.

깨백성 안의 모든 살아있는 생명체는 도륙되었다.

아이들의 울음소리, 개 짖는 소리, 닭 울음소리도 들리지 않았다.

길 안내를 했던 계디는 깨백성 수비대의 화살을 맞고 죽었다.

그녀를 후히 장사 치러 주고 그녀의 부모에게 전답을 하사했다.

그녀의 이름을 캐디라 부르도록 했다.

오래된 기억이라 희미하지만 그날의 전투를 상세히 기술토록 하려한다!

골프이야기_그 열한 번째

은밀한 유혹

일주일에 한 번씩 라운딩을 하여서 조만간 99타를 칠 것 같은데, 100타도 쳐 보았는데ㅠㅠ 마의 99타!

기필코 99를 치리라!

택시회사 젊은 사장들을 중심으로 만들어진 서경회(서부지역 경영자 모임)라는 골프모임에 가입했다.

원당에 있는 뉴코리아CC에서 4팀이 라운딩을 하는데, 1조는 85타 이하, 2조는 90타 이하, 3조는 100타 이하, 4조는 100타 이상이다.

나는 3조에 라운딩을 명받았다.

내일 뉴코리아에서 라운딩이 있어서 저녁을 든든히 먹고 연습장을 갔다.

드라이버, 우드, 아이언이 순차적으로 점검을 마치고 집에 들어오면서 희미하게 전해지는 깨백의 예감!

보기 플레이어가 되기 전 까지는 항상 첫티샷이 가장 떨린다.
첫 홀에서는 늘 갤러리들이 있다! 마구마구 떠들다 가도 티샷을 하려 하면 조용해진다.
그 당시에는 나는 그 적막감이 싫었다!
걍! 막 떠들 때 나 혼자 아무도 모르게 드라이버질을 하고 싶었다!
하수 때는 그날의 첫 드라이버 샷이 그날의 스코어를 좌우한다.

이제 2000년 5월 9일(화)12시54분 뉴코리아CC로 타임머신을 타고 되돌아가겠다! 뿅!

네 명 올스크라치로 오장내기이다!
첫 번째 홀 파4－443야드! 긴 홀이다!
첫샷 드라이버에 전해오는 묵직한 손맛! 210야드 남았단다!
7번 아연으로 끊어 갈까? 3번 우드로 걍 날릴까?
고민하다가 인생 모있어? 하는 생각에 3번 우드를 잡고 샤앗! 깡! 경쾌한 소리와 또 묵직한 손맛! 나이스온! 옆집 캐디의(그 당시는 카트가 없고 two bag one 캐디였다) 섹시한 콧소리!
다섯 번째 홀 운명의 파 5－535야드－매번 나의 발목을 잡았던 어마무시한 파5!

드라이버 완전 쩐다! 드디어 운명의 세컨샷! 5번 아연은 잘 못치니까 6번 아연칠까? 3번 우드칠까 망설이다가 또 인생 뭐 있어! 한방이다!라는 생각에 후다닥! 어? 굿샷! 쓰리온, 쓰리펏 보기!

어! 오늘 백을 깰 수 있다! 지금 까지 이렇게 5홀을 잘 쳐본 적이 없는데! 헐! 기분 째진다!

돈도 쏠쏠히 들어오고 있다!———

캐디한테 나 99를 쳐 본 적이 없다고 했더니, "어머 진짜요? 잘 치시는데! 오늘 깨시겠는데요! 백 깨면 오늘 생맥주 한 잔 사주세요!"하면서 웃는다!

그 때서야 우리 캐디언니 얼굴을 처음 보았다!

큰 키에 귀염상!

그러고 보니 라이를 잘 놓아 주어서 퍼팅이 잘 들어갔던 것 같다!

노련한 캐디는 라이를 태우는 퍼팅인가? 직진으로 밀어치는 퍼팅인가? 금방 파악하고 그 사람한테 맞게 라이를 보아준다. 베테랑 캐디를 만나면 2~3타 적게 칠 수 있다!

대개 싱글에 가까운 골퍼는 라이를 태우는 펏을 한다.

안 들어가도 오케이를 받는다.

하수들은 스피드로 라이를 이기는 펏을 한다.

주워들은 거는 있어서 뒷벽을 때리는 펏을 하는데, 안 들어가면 고율의 연체이자가 붙어서 원래의 거리 보다 더 멀어진다. 4펏을 하게 된다!

8번째 홀 파5－495야드－세컨샷 3번 우드가 오비가 나서 트리플! 3번 우드는 세 번 쳐서 한 번 잘 맞는다는 경험을 망각한 혹독한 결과였다! 3번 우드! 남은 홀에서는 절대치지 않으리!

전반 9홀을 47타로 끝냈다!(16년 만에 밝혀진 진실 캐디가 계산을 잘못했다 사실은 45타였다!)

전반이나 후반 47타는 여러 번 쳐보았기에 마음을 놓을 수 없다!

후반에는 정신을 바짝 차리자! 윤발아!

마음을 가다듬었다!

처음 라운딩을 같이 하는 사람들이라 긴장이 많이 되었다! 혹시 내 타수를 잘못 세어서 지적을 받지는 않을까? 별 쓸데없는 걱정들!

후반 들어서 파를 세 개나 잡았는데 전부 어프로치로 30 cm 안의 오케이 파였다!

쇳복이 넘치는 날이었다!

15번 홀 파3에서 오비가 났는데 원펏으로 막아서 보기를 했다.

캐디언니가 나를 따라오면서 또 생맥주 사달라고 한다! 주여, 저를 시험에 들게 하지 마시옵고!———

17번 홀 파5－3번 우드를 안 쓰고 6번 아이언을 2번 쳐서 3온을 하려 했지만 그건 순전히 내 생각이고, 다행히도 네 번째 샷이 핀에 붙어서 오케이 파!

이제 한 홀 남았다!

캐디언니가 양파를 해도 99안쪽이라고 빨리 약속, 장소 시간을 정하란다!

이 언니! 정말 장난이 아니고 나랑 진짜로 술 한잔 하고 싶은 듯!

허나 그때만 해도 너무나 가정적이었던 나는 캐디언니의 생맥주 제안을 계면적인 웃음으로 답을 하지 않았다!

笑而不答(소이부답)웃으며 대답하지 않음!

아! 졸라 빙신! 빙신 신발늠! ㅋ

그 이후 어떤 캐디도 나에게 단 한 번의 추파(ㅋ)도 던져주지 않았다!

고마웠다고 갈 때 친구들이랑 한 잔 하라고 팁이라도 줄걸! 하수는 모든 게 하수다! 술 대신 돈으로 때우는 것도 몰랐던 개하수!

그날 나는 돈도 제법 땄는데, 나랑 같이 92타 친 사람이랑 반씩 캐디피 내고 남은 돈은 돌려주었는데, 그 사람은 안돌려주고 가지고 갔다!

무조건 다 돌려주는 걸로 알았었는데ㅠ

아니었나 보다!ㅠ

마지막 18홀에서 보기를 했다!

후반 45를 쳤다!(또 16년 만에 밝혀진 진실! 캐디는 46으로 적었었다! 나는 그날 전반45 후반46 으로 합계 91타를 쳤었던 거다)

SCORE CARD

NKCC

NEW KOREA COUNTRY CLUB

DATE: 2000/05/09

TEAM NO: 121

TEE OFF COURSE	CO	OUT Course	TEE OFF TIME	CO	12:54
	CI			CI	

CADDIE NO.					129	129	15	15
LOCKER NO.					1313	1314	1315	1316
COMPETITION					김홍현			
HO.	HD.	YARD Back Tee	Regular Tee	Lady Tee	PAR			
1	3	460	443	400	4			
2	7	365	350	336	4			
3	13	385	371	342	4			
4	5	196	181	164	3			
5	17	549	535	499	5			
6	1	464	451	374	4			
7	11	180	168	157	3			
8	15	510	495	467	5			
9	9	395	382	352	4			
OUT		3,504	3,376	3,091	36			

迅速한 競技運營에 協調해 주셔서 感謝합니다.

10	18	361	349	322	4			
11	6	209	195	167	3			
12	4	395	378	334	4			
13	16	538	522	479	5			
14	8	366	351	314	4			
15	10	197	180	163	3			
16	12	420	405	373	4			
17	14	479	464	432	5			
18	2	413	390	373	4			
IN		3,378	3,234	2,957	36			
OUT		3,504	3,376	3,091	36			
TOTAL		6,882	6,610	6,048	72			
HANDICAP								
NET SCORE								

로컬 룰

1. 修理地는 白色線으로 그 境界를 表示한다. 그러나 廣範圍한 區域의 修理地는 靑色 말뚝으로 表示할 수도 있다. (규칙 25-1)
2. 防空用 施設物, U形 콘크리트 도랑, 맨홀, 花壇 및 競技를 위한 臨時假設物은 障碍物이다. (규칙 24-1, 24-2)
3. 上記 以外의 規定은 제너럴 룰을 適用한다.

LOCAL RULES

1. Ground Under Repair : Defined by White lines or Blue stakes. (Rule 25-1)
2. Immovable obstructions : Air raid defensive wires and poles. Flower gardens. U-type ditches and temporary installations on the course.
3. Any matters not provided herein shall be detemined according to the General Rule.

HDP 3/4 計算表

HDP	1	2	3	4	5	6	7	8	9	10	11	12	13	14	15
3/4	1	2	2	3	4	5	5	6	7	8	8	9	10	11	11
HDP	16	17	18	19	20	21	22	23	24	25	26	27	28	29	30
3/4	12	13	14	15	16	17	17	18	19	20	20	20	21	22	23

캐디의 계산 오류인지 몰랐던 그날 나는 합계 92를 쳤다! 백을 99로 깬 게 아니라 92로 아작을 내면서 깨어버렸다!

머리올리고 1년 1주일 하고 1일 만에 드디어 깨백성 성주가 되었다.

술 사달라는 사람은 안 사주고 엄한 친구들을 불러내어서 완전 망가지면서 가산을 탕진하고 필름이 완전 끊어진 개가 된 날이었다!

깨백성 성주가 되었다는 것은 구십성, 팔십성, 칠십성 성주들에게 선전포고를 한 것이며 이제 부터는 온갖 내기에 차출되어 노역과 금품을 출연하여 고수들에게 캐디피와 밥값 등등을 제공하는 의무를 지게 된다!

깨백성주가 내기에 임하지 않을 시는 곧바로 골프계에서 파문을 당하여 평생 자기 마눌이랑 둘이서 라운딩을 해야만 하는 중벌에 처해진다!

윤발아! 이제 깨백성주가 되었다!

내친김에 가자! 구십성을 향하여!

골프이야기_그 열두 번째

그 후로도 오랫동안

92타의 혁혁한 전과를 올리며 차지한 깨백성주의 지위는 그리 안정적이지 못했다.

수시로 일어나는 민란과 90성주 80성주의 부름을 받고 그들의 캐디피며 밥값 일체를 책임지느라 가정경제가 몹시 피폐해져 갔다! ㅋ

그때 나는 내가 정말 90중반의 골퍼가 된 줄 알고 몇 타 치냐고? 물으면 95친다고 건방을 떨었고 바로 중간보수들에 차출되어 실력테스트를 받았다.

핸디 달랑 5개! 2만 5천원을 받고 보기 플레이어들이랑 맞짱을 뜨는 거다.

하수는 자기의 베스트 타수를 말하고 고수는 자기의 워스트 타수를 말한다.

그러니까 핸디는 거의 1/4만 받고 게임이 시작되며 매번 내가 내 손모가지로 배판을 만든다!

헐! 108개를 쳤다.

다시 108번뇌로 돌아갔다!

나무관세음보살!

아! 띠바! 다시 불가촉천민이 된 거다!

어디 안정된 백돌이(깨백정)가 그리 쉽던가?

한 번 백파했다 하여 계속 백파가 되더란 말이냐?

어리석게도 계속 95타 친다고 주장하여 매 게임당 40만원~50만원 터졌고 캐디피, 저녁밥값을 제하고 20~30만원 뽀찌 받고 감지덕지하여 고마워했다.

혹여라도 못된 중간보수를 만나는 날은 개평 한 푼 못 받고 자기 약속 있다고 훌쩍 가버린다.

올인되어 저녁도 쫄쫄 굶고 애꿎은 담배만 줄창피며, 용인 어디쯤의 골프장에서 터덜터덜 차를 몰고 온 날도 제법 있었다.

너무나 수치스럽고 분하고 자존심 상하여 고속도로 중앙선을 넘고 싶은 충동마저 생겼다.

처자의 얼굴이 떠올라 참았다! ㅋ

이 치욕을 이자까지 포함해서 다시 되돌려 주리라!

연습에 연습을 더 했지만, 골프실력은 그리 빨리 늘어주지 않는다.

그 후로도 오랫동안 99를 다시 치지 못했다.

그 당시 내 별명은 동네북 또는 걸어 다니는 CD기, 보험, 재보험으로 불렸다.

나중에 알게 된 일이지만 내가 92타를 치던 날 그분이 오셨던 거다.

그분의 존재조차 몰랐던 나는 그게 전부 내 실력인양, 착각하여 건방을 떨며 가산을 탕진했던 거다.

골퍼들이 그리도 사모하여 늘 함께 하고 싶어 하는 그분!

골퍼를 주관하시는 골프의 여신 골프로디테!

그분은 연습하지 않는 자들을 제일 싫어하신다.

산타가 우는 아이 싫어하듯이!

열심히 연습하는 자들에게 어느 날 아무도 모르게 광림하셔서 그에게 초인적인 힘을 준다.

그분이 함께 하신다면 어떠한 강자도 두렵지 않다.

그러나 그분은 주색잡기에 빠져 있는 자에게서는 너무도 냉정하게 떠나 버리신다.

그분의 사랑을 오래 받고 싶으면 바른생활을 해야 한다.

그분은 전지전능하시다.

오늘의 싱글을 내일 새벽에 백돌이가 되도록 만드신다.

그분은 비단 아마추어골퍼만 관장하시는 게 아니다.

그 분의 도움 없이는 어떤 프로도 우승을 할 수 없다. 골프로디테의 버림을 받고 타이거우즈도 저 꼴이 되었고 골프로디테의 사랑을 받고 박성현이 잘 나가가고 있다.

한 번 떠난 그분을 다시 모시려면 어마무시한 노력을 해야 한다.

내가 그 분의 존재를 알게 되기까지는 제법 긴 시간이 흘러 서였다.

그분을 모시자! 그분! 골프로디테여!

어디에 계시나이까?

골프이야기_그 열세 번째

참회록

파란 녹이 낀 구리거울은
어느 왕조의 유물이길래
이다지도 욕될까?

밤이면 밤마다 나의 거울을
손바닥으로 발바닥으로 닦아 보자
그러면 어느 운석 밑으로 홀로 걸어가는
슬픈 백돌이의 뒷모습이 거울 속에
나타나온다.

-윤동주 참회록-

자기가 만든 배판에 OB를 내고 쓸쓸히 오비티로 걸어가는 백돌이의 슬픈 뒷모습을 본 적이 있나요?

오비티에서 또 오비를 내고 다음 번 샷을 하려고 다시 걸어가는 백돌이의 더 슬픈 뒷모습을 본 적이 있나요?

축 늘어진 어깨! 벗어질 거 같은 헐렁한 바지!

바람에 날려 갈 것만 같은, 머리에 살짝 올려 쓴 모자!

필드에 나가면 늘 파5에서 망가진다.

이유는 3번 우드 때문이다.

어쩌다 한 번 맞아 주는 그놈을 왜 그리 사랑했던지?

그러나 그것은 늘 나만의 짝사랑이었다.

연습장에서도 3번 우드는 계속 슬라이스다!

아무리 해도 안 된다! 좌절!ㅠ

3번 우드 대신 5번 아이언을 연습했지만 5번 아연도 만만치 않다.

공포의 파5!

우드를 잘 치는 고수들에게는 파5는 파를 거의 보장받은 홀이지만 백돌한테는 몹시 위험하고 두려운 홀이다.

일진일퇴의 공방 끝에 다시 97타와 105타 사이를 오가고 있다.

대단한 발전이다.

2000년 8월에 상록CC에서 1박 2일 골프를 쳤는데 정말 오케이 없이 99타와 97타를 쳤다.

이때를 기점으로 나는 잡것들에서 벗어 난 듯하다.

그 당시에는 골프에 미쳐서 돈을 잃어도 별로 아깝지가 않았다.

지금도 내기 골프하면 생각나는 사람이 있다.

나에게 좌절과 아픔을 준 중간보수!

단단한 체구의 만능 스포츠맨인 그는 2년의 미국유학시절에 골프를 배웠다고 한다.

공부는 안하고 공만 친 듯하다.

미국의 양잔디를 찍어 파며 배운 골프라 아연의 거리와 방향성이 좋다.

85타 정도의 실력이며 그 당시 내가 보기에는 거의 완벽한 골퍼였다.

그는 회원권이 있어서 수시로 그의 나와바리로 나를 유인한 후 나의 목에 빨대를 꽂았다.

그 그리고 그의 와이프, 나 이렇게 3인 플레이를 했다.

물론 내기는 그와 나 둘이서만 한다. 그는 나에게 핸디 5개 달랑 2만5천원만 준다.

파3에서는 니어까지 있다.

둘이서 비겨도 배판.

매번 30～50만원씩 잃었다.

뽀찌 절대 없다.

그는 나를 착취하여 강남에 집을 샀다는 소문을 들었다!ㅋ

지인을 통해 들은 얘긴데 하수들 한데 딴 돈 안돌려 주는 건 연습 열심히 하라는 뜻이란다.

글쎄용? 딴 돈 다시 돌려주기가 아까운 거는 아니겠죠?

지금은 아주 친한 지인이 되어있다.

그래도 지금까지 그때의 아픔이 생생이 전해 온다.

4시간 라운딩 중에서 실제 내가 플레이 하는 시간은 단 5분이며 나머지는 참회의 시간이다.

그 참회는 돌아오는 차안과 집 그리고 연습장으로 이어진다!

기필코 그를 꺾으리라!

연습을 허리가 휘어져라 하고, 오늘은 한 번 이겨 보리라!

또 유혹에 빠져 그를 만난다.

골프가 어디 하루아침에 느는 운동이더냐?

Rome was not built in a day!

해석을 하면 골프는 하루아침에 안 된다!이다.

그때는 그걸 모르고 핸디 5개 받고 치면 될 듯한 착각!

무식하면 용감한, 그래서 개백정인 거다!

백돌이 때는 지금 하는 연습이 6개월 후에 나온다는 것을 몰랐다.

그렇게 그렇게 저자 바닥에 홀로 내팽겨져서 싸움의 기술을 배워 나가고 있었다!

골프이야기_그 열네 번째

구십포전투

구십포 달 밝은 밤에
수루에 혼자 앉아
긴드라이버 옆에 차고
깊은 시름하는 차에
어디서 일성호가는 나의 애를 끊나니

구십포 앞바다!
바람 한 점 없는 바다는 고요하다.
만월은 풍만한 자태를 뽐내며 높고 밝게 떠 있다.
이 고즈넉하고 평온한 바다!
폭풍전야의 고요함!
내일 새벽이면 처절한 핏빛 전투가 벌어지리라!
벌써 피비린내가 코끝에 진동하는 듯하여 몸서리를 쳤다.

내일 새벽 전투가 벌어질 곳까지 거친 물길을 안내하기 위하여 인근 바닷가에서 물질을 하는 계집이 왔다.

계집은 까무잡잡한 얼굴에 눈매가 조용하고 깊었다.

이름은 우미라했다.

성을 물으려다 그만 두었다.

칠흙 같은 어둠 속에서 학익진을 펼쳤다.

적군이 진의 중앙으로 깊게 들어왔다.

전군 방포하라!

천자총통드라이버와 지자총통아이언이 불을 뿜었다.

사수들은 불화살을 날렸다.

여기저기 불화살을 맞은 배들이 불타고 있다.

꽝!우지끈! 꽝!우지끈!

화포를 맞은 적들의 배가 전파되어 바닷 속으로 가라앉고 있다.

진 중앙에 있던 거북선들이 앞으로 치고 나가며 적선을 부딪쳐 깨버렸다.

이순신장군이 즐겨 썼다는 충파술!

좌충우돌! 충! 할 때 마다 적선은 전파 또는 반파되어 침몰하거나 도망치고 있다.

충파! 충파! 충충파! 충충파파!—— 충충충!

거북선의 충파가 계속되고 있다.

침몰한 배에서 바다로 떨어진 적군들에게는 사수의 정확한 화살이 눈을 꿰고 심장을 꿰었다.

아비규환!

얼마나 시간이 흘렀는지 모르겠다.

벌겋게 동이 트고 있는 구십포 앞바다는 온통 핏빛으로 물들어 있다.

전투는 끝이 났다.

불가능하리라 생각했던 구십포 전투를 승리로 이끌었다.

거북선의 활약에도 불구하고 아군의 피해도 컸다.

죽은 군사들의 시신을 수습하고 부상자는 치료하게 한 후 군사들에게 삼일 밤낮을 고기와 술을 내어 먹고 마시게 했다.

길 안내를 하던 우미란 계집은 적군이 배에 오르며 휘두르는 쇠도리깨에 머리를 맞고 즉사했다 한다.

그녀를 죽인 적군 또한 격군들의 긴 낫에 목이 잘리어 죽었다.

그녀를 후히 장사 치러 주었고 그녀의 남편에게 금 열냥을 주었다.

그녀의 성은 도, 이름은 우미!

도우미!

그녀도 깨백성의 계디처럼 비석에 캐디라고 적어 주었다.

드디어 90타를 깼다!

그토록 사무치게 갈망하던 8자를 그렸다!

꿈의 타수 89를 친 거다!

허나 여기서 말 수는 없다!

가자! 80파를 위하여!

싱글! 저 높은 곳을 향하여!

그 열반의 경지로!

가자! 가자! 윤발아 성불하러! 마하반야 바라밀다!———

아제아제 바라아제 바라승아제!

골프이야기_그 열다섯 번째

꿈의 스코어 89를 치다!

골프가 그대를 속일지라도
슬퍼하거나 노하지마라
우울한 날들을 견디며 믿으라
기쁨의 날이 오리니

마음은 언제나 미래에 사는 것
현재는 슬픈 것
모든 것은 순간적인 것
지나가는 것이니
그리고 지나가는 것은
훗날 소중하게 되리니

－골프가 그대를, 골푸킨－

그 당시를 풍미했던, S－Yard 드라이버로 바꾸었다.

지인의 지인으로부터 50만 원에 구입했다.

그 당시 나에게는 정말 거금이었지만 복수혈전을 위하여 눈 딱 감고 투자했다.

중고지만 거의 새 것이었다.

연습장에서 밤낮을 갈고 닦았다.

노력한 보람이 있어서 드라이버의 오비나는 횟수가 줄어들고 있다.

짝사랑 3번 우드를 버리고 5번 우드를 영입(?)했는데 맞을 때 나는 소리와 손맛이 좋았다.

대충 170~180야드는 가는 거 같다.

이 5번 우드를 치고 나서 부터는 마의 파5에서 평균 4온은 되는 거 같다.

전반에 가끔씩 43, 44, 45 를 치지만 후반에 영락없이 50개를 넘겨서 93타 이하를 친다.

전후반 44, 45만 치면 89인데 절대 안 된다.

오늘도 라베를 꿈꾸며 도도히 장도에 올랐다.

2001년 7월 11일(목) 12시12분 뉴코리아CC 인코스!

드라이버 컨디션이 좋다!

전반을 44타로 넘었다! 후반에 반드시 45를 쳐서 89를 치리라!

후반 마지막홀 내리막 파4- 이 홀에서 파를 잡아야만 대망의 89를 그린다.

긴장감에 담배를 한 대 물고 깊게 빨았다!

드라이버는 일단 잘 맞아서 페어웨이 중앙에 안착했다.

이때부터 89를 칠지도 모른다는 기대감에 가슴이 콩닥콩닥

했다.

많이 오르막 포대 그린이다.

세컨샷으로 7번 아연을 잡았다.

너무 긴장해 헤드업을 하여 두껍게 뒷땅을 파서 100야드쯤 간 듯하다!

－항상 하수들 한테는 요놈의 헤드업이 문제다.

헤드업하지 않으려고 하얀색 왼쪽 골프화에 볼펜으로 깨알만한 글씨로 고들개(고개 들면 개새끼)라고 써 놓았지만 소용없는 일이다.

백스윙하면서 헤드업하지 말아야지 하면서 다운스윙 때 바로 고개를 들어 버리는 그 3망함(민망, 절망, 허망)! 다들 아시리라! 한의학에서는 이를 0.1초의 기절이라 말한다.

잠시 정신줄을 놓는 게 헤드업이다.

하긴! 장님도 친 공이 궁금하여 헤드업을 한다고 한다! ^^

S 그룹 회장님이 타이거 우즈를 초청하여 한수 배우려고 라운딩을 했는데, 라운딩이 끝날 때까지 우즈가 아무 말도 하지 않길래 비서가－회장님한데 한 말씀드려라－했더니!우즈가 회장님을 노려보며 씨발! 했다!

비서가 깜짝 놀라서 뭐라고?(what?) 재차 물었다.

우즈가 또 씨발(see ball)!

어마무시한 돈을 주고 하는 우즈와의 라운딩!

공을 봐라! 헤드업 하지마라! 달랑 그 한마디였다는데-

물론 확인된 바 없다!ㅋ

그 정도로 헤드업하지 말아야 하는 것이 골프이다.

만약 머리를 분리할 수 있어서 공치러 갈 때 집에 두고 갈 수 있다면 우리 모두가 공을 아주 잘 칠 수 있을 텐데ㅋㅋ

세 번째 샷! 좀 큰 느낌!

내리막 옆 라이 열 발자욱! 거의 불가능한 파펏을 남기고 있다.

허나 오늘 이 펏을 못 넣으면 언제 또 이렇게 89에 도전할 기회가 올까?

영원히 안 올지도 모른다는 절박감!

그분이시여! 광림하시어 이 어린 양을 89로 이끄소서!

도우미와 상의하여 라이를 본 후 내리막 열발 펏!

펏팅을 했다! 스트록 감이 좋다!

라이를 타고 볼이 탈탈탈 흘러내리고 있다.

한참을 옆 내리막을 탄 볼이 홀컵에 스르륵 빨려 들어갔다!

나도 모르게 퍼터를 든 두팔을 번쩍 들고 하늘을 보았다.

골프의 여신 골프로디테가 나를 내려다보시며 빙그레 웃으며 사라졌다.

그분이 오셨다! 그분이! 골프로디테여! 사랑합니다!

당신의 위대함을! 당신을 경배하나이다!

SCORE CARD (최초 9자대 진입)

NKCC

NEW KOREA COUNTRY CLUB

DATE: 2001/07/11
TEAM NO: 086

TEE OFF COURSE	CO		TEE OFF TIME	CO	
	CI	IN Course		CI	12:12

CADDIE NO.	63	63	185	185
LOCKER NO.	1269	1270	1271	

COMPETITION									
HO.	HD.	YARD Back Tee	YARD Regular Tee	YARD Lady Tee	PAR	김홍현			
1	3	460	443	400	4	6 더블	3	6	4
2	7	365	350	336	4	6 더블	5	6	4
3	13	385	371	342	4	5 보기	8	6	4
4	5	196	181	164	3	4 보기	3	3	3
5	17	549	535	499	5	6 보기	5	8	6
6	1	464	451	374	4	5 보기	5	8	4
7	11	180	168	157	3	3 파	3	4	4
8	15	510	495	467	5	6 보기	7	8	6
9	9	395	382	352	4	4 파	4	8	4
OUT		3,504	3,376	3,091	36	45	43	55	43

迅速한 競技運營에 協調해 주셔서 感謝합니다.

HO.	HD.	Back Tee	Regular Tee	Lady Tee	PAR				
10	18	361	349	322	4	4 파	6	5	4
11	6	209	195	167	3	3 파	3	5	4
12	4	395	378	334	4	5 보기	4	7	4
13	16	538	522	479	5	8 트리플	5	6	6
14	8	366	351	314	4	4 파	5	7	5
15	10	197	180	163	3	4 보기	5	5	3
16	12	420	405	373	4	5 보기	4	8	5
17	14	479	464	432	5	6 보기	4	8	6
18	2	413	390	373	4	5 보기	4	8	7
IN		3,378	3,234	2,957	36	44	39	59	44
OUT		3,504	3,376	3,091	36	45	43	55	43
TOTAL		6,882	6,610	6,048	72	89	82	114	87
HANDICAP									
NET SCORE									

로컬 룰

1. 修理地는 白色線으로 그 境界를 表示한다. 그러나 廣範圍한 區域의 修理地는 靑色 말뚝으로 表示할 수도 있다. (규칙 25-1)
2. 防空用 施設物, U形 콘크리트 도랑, 맨홀, 花壇 및 競技를 위한 臨時假設物은 障碍物이다. (규칙 24-1, 24-2)
3. 上記 以外의 規定은 제너럴 룰을 適用한다.

LOCAL RULES

1. Ground Under Repair : Defined by White lines or Blue stakes. (Rule 25-1)
2. Immovable obstructions : Air raid defensive wires and poles, Flower gardens, U-type ditches and temporary installations on the course.
3. Any matters not provided herein shall be detemined according to the General Rule.

HDP 3/4 計 算 表															
HDP	1	2	3	4	5	6	7	8	9	10	11	12	13	14	15
3/4	1	2	2	3	4	5	5	6	7	8	8	9	10	11	11
HDP	16	17	18	19	20	21	22	23	24	25	26	27	28	29	30
3/4	12	13	14	15	16	17	17	18	19	20	20	20	21	22	23

드디어 90을 깼다.

100을 깰 때와 90을 깰 때 늘 훌륭한 계디와 우미가 함께 하여 많은 도움을 주었다.

다시 볼 수 없는 그녀들이지만 심심한 감사를 전합니다!

1999년 5월 1일 처음 머리를 올리고,

2000년 5월 9일 100을 깼습니다.

2001년 7월 11일 89를 쳤습니다.

가소롭지만 윤발이의 진화는 천천히 계속되고 있습니다!

가자! 가자! 80깨서 싱글하러!

골프로디테여 믿습니다! 당신의 존재를!

골프이야기_그 열여섯 번째

무기의 계급

골퍼에게 계급이 있듯이 골프채에도 계급이 있다!

1. 퍼터는 왕이로소이다.
2. 드라이버는 영의정이다.
3. 우드는 당상관이다.
4. 롱아이언은 양반이다.
5. 미들, 숏아이언은 평민이다.
6. 웨지는 천민이다.

1. 퍼터

퍼터가 왕인 이유는 세차게 바람을 가르는 힘든 스윙에 사용되지 않으며 좌우로 30 cm 이상 움직이는 일이 거의 없고 방카라든가 헤저드 등 험한 곳에서는 사용하지 않는다.

매홀 라이와 그린의 높낮이 힘의 강약을 직관에 의한 감각적 판단이 요구되는 지존의 자리이다.

깨끗한 그린 위에서만 사용되며 그날 게임의 승패는 이 지존에 의해 좌우된다.

아무리 펏을 잘 하는 아마지존들도 한게임에 36번 이상 사용한다.

사용 후에는 깨끗이 닦은 후에 익선관을 쓴다.

－마누라는 바꿔도 펏은 바꾸지 마라－라는 골프가의 격언이 있다.

2. 드라이버

드라이버는 일인지하요! 만인지상의 영의정이다.

지체 높으신 분이라 신발에 흙을 절대 안 묻히신다.

흙을 묻히지 않으려고 늘 tee라는 가마를 타고 계신다.

아무리 안쓰려도 해도 한 게임에 14번은 반드시 사용하셔야만 하는 분이시다.

이분이 난조를 부리시는 날은 좋은 스코어를 기대할 수 없고 등산을 왔는지 골프를 왔는지 구분이 안 가기도 하며 슬라이스가 난 공을 찾아 산기슭을 어슬렁거리는 킬리만자로의 하이에나가 되기도 한다.

3. 우드

우드는 정3품 이상의 당상관들이다.

3번 우드는 스푼이라고도 한다.
높은 품계에 맞게 흙이 묻지 않도록 잔디를 가볍게 쓸어 쳐야 한다.
이분을 치는 거 하나만 보아도 골퍼의 타수를 알 수 있다.
세 번 치면 한 번 잘 맞는다고 하여 삼번 우드라 한다?ㅋ
깊게 잔디에 박히는 경우 혹독한 대가를 치르게 된다.
장타자가 아닌 보통의 골퍼들은 파5에서 반드시 사용하며 한 게임에 네 번 이상을 사용하는 중요한 무기이다.
여성 골퍼들은 삼번 우드를 잘 사용하지 않지만 반드시 연습해서 잘 다루도록 해 놓아야 싱글이 될 수 있다!

4번 우드는 빠삐(buffy)라고도 한다.
우드는 홀수로 사용하므로 잘 사용되지 않는다.

5번 우드는 크리크(cleek)라는 애칭이 있다.
갈고리란 뜻으로 3번 우드보다는 격이 조금 떨어진다.
3번 우드를 잘 못치는 여성골퍼들이나 장타자들이 삼번 우드 대신 사용한다.

3번 우드 보다는 훨씬 치기가 쉽다.

7번 우드는 헤븐(heaven)이라고도 한다.
천국의 골프채라는 말 그대로 편하게 잘 맞는 채이다.
롱아이언 대용으로 사용하지만 남자들은 잘 사용하지 않는다.

9번 우드는 디바인(divine)이라고 부른다.
멋진 9번 우드라는 뜻인데, 유틸리티에 밀려서
잘 사용하지 않는 채이다.

4. 롱아이언

롱아이언(초야의 양반들)1~3번 아이언.

1번 아이언.
1번 아이언은 아마골프계에서는 그 흔적을 찾을 수 없다. 다만 초야에 묻혀 안빈낙도를 즐기시는 분이다.

2번 아이언.
태국의 LPGA 프로선수 아리아 주타누간이 티샷할 때 사용한다는 2번 아이언!
그러나 역시 아마골프계에선 그 흔적을 찾을 수 없다. 이분

역시 강호에 짱박혀 음풍농월하신다는 소문만 무성하지만 확인된 바 없다.

3번 아이언.

하느님도 치시기 어렵다는 아이언이다.

요즘은 거의 사용되지 않는다.

혹시 3번 아이언을 가지고 있더라도 실전에서는 거의 사용하지 않고 캐디백에 얌전히 모셔만 놓는 채이다.

당신 캐디백에 3번 아이언이 아직도 존재한다면 당신 아이언 세트는 너무 올드 하므로 빠른 시간 내에 교체를 권한다.

미들아이언(평민)4～6번 아이언.

4번 아이언.

이 4번 아연을 잘 다룬다면 당신은 분명 고수이다.

대부분의 골퍼들은 4번을 집에 고이 모셔 두거나 가지고 다녀도 거의 사용하지 않는다.

스윙아크를 크게 하여 부드럽게 샷을 한 후 아이언이 잔디를 쓸 듯이 빠져나가서 팔로우가 이루어져야 굿샷으로 이어진다.

만약 4번 아연을 찍어 칠 수 있다면 당신은 신장180 cm이상에 쌀 두가마(160 kg)를 들어 올릴 수 있는, 마님의 사랑을 듬뿍 받을 수 있는 돌쇠급 파워의 소유자이다.

5번 아이언.

5번 아이언부터는 실전에서 반드시 사용해야만 하는 채이다.

5번 아이언 대신 유틸리티(고구마)를 친다면 당신은 분명 하수다.

흙이 많이 묻지 않게 쓸어찍어(?)쳐야 된다.

6번 아이언.

잔디를 찍어쳐야 하므로 흙이 많이 묻는다.

5. 미들, 숏아이언

숏아이언(7~9번 아이언), 7번 아이언부터는 본격적인 농사를 짓는 소작농들이다.

손과 발에 흙이 마를 시간이 없다.

측은하여 캐디언니들이 사용 후에 물로 세수를 시켜서 캐디백에 꽂아 준다.

7번 아이언.

소나 개나 빽 하면 잡는 채이다.

개백정들의 상당수가 거의 이 7번을 안고 살고 있다!

7번을 적게 칠수록 고수이다.

8번 아이언.
7번을 잘 치는데 8번을 일러 무삼하리오?

9번 아이언.
8번을 잘 치는데 9번 또한 일러 무삼하리오?

6. 웨지(wedge)

이전투구(진흙탕을 뒹굴며 싸우는 개) 팔자를 타고난! 평생을 모래와 진흙 속에서 살다가 용도 폐기되어 사라지는 슬픈 운명의 천민들이다.

깨끗이 닦아도 모래와 진흙에 쩔은 삶의 훈장은 지워지지 않는다.

도수가 다른 웨지를 3개씩 가지고 다니는 골퍼도 있다.

거리별로 풀스윙을 하려고 하는 마음 이해는 가지만 - 없는 살림에 식구 늘리지 말라! - 는 골프가의 격언이 있다!

샌드웨지 한 개로 거리별로 스윙폭을 조절하는 연습방법을 권하고 싶다.

애독자들이 제법 많이 생긴 듯합니다! ㅋ

윤발의 골프이야기는 점입가경입니다!

감사합니다!

골프이야기_그 열일곱 번째

개백정을 면하다

2001년 7월 처음 89를 쳤지만, 그것은 라이프베스트였고 그 이후로도 90대 후반을 가장 많이 쳤고 과음한 이후에는 다시 108번뇌로 돌아가기 일쑤였다.

매번 라운딩 때 마다 캐디피며 식사비를 내는 나의 지위에는 변함이 없었다.

다만 그래도 위안을 가질 수 있었던 것은 가끔씩 90초반을 친다는 것이었다.

93타까지만 치면 그날은 출혈이 그리 크지 않았고 91을 치면 본전이나 조금 따기도 했다.

나름 연습도 하고 거의 1주일에 한 번씩 라운딩도 나가고 하지만 골프는 답답한 답보 상태였다.

특히 짧은 홀에서 드라이버가 잘 맞아 100야드 쯤 남아 투온 파를 기대하며 친 세컨샷이 뒤땅을 치고 또 써드샷 뒤땅! 그린 주변에서 또 다시 어프로치 뒤땅. ㅠ

5온에 투펏을 하여 트리블로 배판값을 지불하고 또 다시 배판을 만들어 놓고, 다음 홀로 향할 때, 끓어오르는 분노는 겪어 본 자만이 알리라!

고수는 본대로 공이 가고 중수는 친 대로 공이 가고 하수는 걱정한 대로 공이 간다고 했던가?

잘 치다가도 물 앞에만 서면 나는 왜 작아지는가?

헤저드만 보면 공수병 걸린 사람처럼 입에 거품을 물고 물로 뛰어든다.

벌떡 일어나서 공 대가리를 까서 물에 여지없이 빠뜨리고 쓸쓸히 헤저드티로 늘 걸어가곤 했다.

헤저드 앞에서 매번 일어나서 탑핑을 하는 것을 본 친구가 한 마디 했다.

“니가 어제 일찍 잣기 때문에 일찍 일어나서 공대가리를 치는 거니까, 공치러 오기전날은 아주 늦게 자!”란다 ㅋㅋ

“대가리 안치려면 공 살 때 대가리 없는 공으로 사라!”

제주도에 있는 지인의 초대로 처음으로 비행기타고 오라CC에서 라운딩을 했다!

어? 잔디가 다르네! 양잔디를 처음 보았다.

공이 페어웨이에 쫙 달라 붙어있다.

이걸 우찌치나? 에라 모르겠다! 따악! 여지없는 탑핑이다.

찍어 치려하면 깊은 뒷땅! 쓸어치려하면 대갈샷!

진짜로 멘붕상태다.

이러지도 저러지도 못하고 무기력하게 망신만 당하고 돌아왔다.

다시는 제주도에 가지 않으리!ㅠ

그렇게 그렇게 천신만고의 신산의 기간을 견디며 2003년 말에 라운딩스코어 30장의 평균을 내어보니 95.1타이다!(그 당시에는 스코어카드를 모았었다. 지금도 보관하고 있다)

내기가 빡세서 오케이는 거의 없는 95타! 개백정을 넘어서 하수가 된 것이다.

이제 그 춥고 배고프고 지리했던 개백정을 벗었다.

18반 무예를 배운 적은 없지만 저자거리의 싸움으로 잔뼈가 굵어 가고 있다!

이제 고딩동창들도 골프를 시작하여 개백정들이 많이 생겨났고 잡것들도 많이 무럭무럭 자라고 있다.

윤발아! 2004년에는 백정들 때려잡고 위로는 중간보수들한테 왠수 갚는 한해가 되자!

골프이야기_그 열여덟 번째

골프란 무엇인가?

역사란 무엇이뇨?

我와 非我의 투쟁이다.

아는 나이며 비아는 나 아닌 다른 사람이다!

역사는 나와 나 아닌 다른 사람과의 투쟁의 기록이다!

단재 신채호는 조선상고사에서 역사를 아와 비아의 투쟁의 기록이라 정의했다.

그럼! 골프란 무엇이뇨?

아와 비와의 투쟁의 게임이다.

아를 연마하여 비아를 무찌르는 잔혹한 의식이라 정의하고 싶다.

사실 골프처럼 타인의 불행이 나의 행복인 운동도 드물다.

골프는 자기는 잘치고 남이 못치기를 바라는 정말 얍삽한 운동이다.

골프가에 오래 전부터 작자미상, 연대미상으로 구전되어 오는 골프 주기도문을 한 번 보도록 하자.

골프주기도문

이제껏 골프 한것도 골프로디테의 은혜인데
오늘도 필드로 인도하여 주심에 감사 드립니다.

티샷은 70%의 힘만 사용하는 지혜를 주시옵고
아이언샷은 간결하게 채를 떨어뜨리는 용기를 주시옵소서!
OB나 쪼루에 주눅이 들지 않으며 대자연의 풍성함 속에서
본전이나마 건지게 된 것을 가문의 영광으로 감사하는
골퍼가 되게 하여 주시옵소서!

실수한 저의 샷은 요행의 길로 인도하여 주시고
러프나 디봇에서도 똑바로 나가게 하여 주시옵고
자주 카트길을 따라 최대 비거리를 창출하게 하여 주시옵소서!

저희들에게는 항상 평정과 안정을 주시고
상대측 선수들이 샷을 하는 경우에는 매 순간마다
그 마음속에 힘의 유혹이 가득하게 하여 주시옵소서!

OB나 DOUBLE PAR로 괴로워하는 상대측 선수들을
위로할 수 있는 기회와 여유를 주시옵소서!

또 간절한 마음으로 바라오니 이겨도 겉으로 표시나지 않게
내숭과 겸손함을 주시옵소서!

골프를 사랑하는 골프로디테의 이름으로
간절히 기도 드리나이다!!!

보라! 나만 잘 되기를!

동반자들을 유혹하여 환란에 빠지기를 신께 기도하며 동반자들의 고통과 불행을 내숭으로 즐긴다는!

그럼에도 불구하고 우리는 왜 이 요망한 골프에 빠져드는 것일까?

혹자는 말한다!

골프는 SEX와 같아서 애나, 어른이나, 남자나, 여자나, 어린 사람이나, 나이 먹은 사람이나, 처음 하는 사람이나, 자주하는 사람이나 다 조아한다고!

세상 사람들은 말한다.

누워서 하는 것 중 가장 재미나는 게 남녀가 누워서 거시기(?) 하는 거라고.

앉아서 하는 것 중 가장 재미난 것은 동양은 마작, 서양은 포커게임이라 한다.

서서하는 것 중에서 가장 재미나는 게 동서양 공히 골프라고 말한다.

골프에는 중독성이 있다.

힘들고 짜증나는 수련을 거치고 처음 필드에 나갔던 날을 회상해 보자.

대자연의 경외로움과 저 푸른 초원 위에서 님과 함께 살고 싶었던! 왠지 뿌듯한 신분상승의 착각에 들떠 기분 좋았던 그날!

골퍼들은 머리를 올리고 난 다음부터 골프에 더욱 더 매진하며 빠져들기 시작한다.

전설의 무사 미야모토무사시는 말한다!

천일의 수련을 단(鍛)이라 하고,
만일의 수련을 련(鍊)이라 한다고.

보통의 사람들은 천일의 수련(3년)을 거쳐야만 백돌이를 겨우 벗어나서 하수의 경지에 도달 한다.

백돌이는 가정에 충실하지 못하다고 했다.

휴일이면 불러주는 사람 없어도 조선팔도 골프장이란 골프장은 다 찾아다니며 동반자나 캐디들로부터 학대받아도 한 마디 항변도 못하고 돌아오는 그런!

필드 못 나가는 주말에는 아예 연습장이나 스크린에서 산다.
자식의 성적표보다는 자기의 스코어카드에 더 관심을 갖는다.
그런 연유로 집에서는 처자로부터의 학대가 시작된다.
평상시 마눌한테 점수를 잃은 백돌은 백파기념 이혼을 하게 된다.

보기플레이어는 직장에 소홀하다고 했다.
보기플레이어가 되면 1,000일의 수련을 거친 단단(鍛鍛)한 놈이 되어있다.
골프가 아와 비아의 투쟁임을 깨닫고 아를 더욱 더 단련하려고 힘쓴다.
주말뿐만 아니라 틈만 나면 필드에 나가려고 한다.
연월차 휴가는 골프로 다 쓴지 이미 오래며 필드에 나가기 위해 각종 핑계를 만들어 회사를 기만한다.
평상시에 찍혀 있다면 보기플레이어가 된 바로 그날 회사를 짤리게 된다.
허나 요행 운이 조아서 사장이나 상사가 같은 골프교 신자일 경우 멀리건을 받아서 한 번은 살아날 수도 있다.

싱글은 천일의 수련과 만일의 수련을 능히 감당할 수 있는 단련될 사람들이라 이미 말한 적 있고 골프는 그의 삶이며 함께 가야할 인생길이다.

잡것에서 개백정으로 살아 올라오는 사람이 전체 골퍼의 30% 보기플레이어는 전체골퍼의 10%라고 한다.

만약 당신이 80대 골퍼라면 자부심을 가지라!

나도 골프계에선 잘 나가는 텐프로라고!ㅋ

백돌부터는 중독성 강한 골프교의 교인이 된다.

레닌은 골프는 아편이다! 라고 말했다?

주말이면 교인 4명이 모여 수도권일대의 성지를 순례한다.

때로는 조금 가격이 저렴한, 지방에 있는 성지순례를 위하여 만남의 광장에서 만나서, 꼭 차 한 대로 3시간 정도 달려갔다가 돌아오는 길에 5시간씩 운전 하느라 피곤하여 졸음운전으로 사고가 나기도 한다.

나 같은 백수건달들은 평일 성지순례를 한다.

10월, 11월 골프는 집팔아서 친다!는 미명하에 전국의 골프장은 요즘 성지순례객으로 인산인해를 이루고 있다.

필드에 못 나간 자들은 주말, 주중, 밤낮을 가리지 않고 집주변 연습장에 모여 개별 예배를 본다.

이 골프교가 대단한 것은 포교하지 아니하였는데도 자발적으로 그분(골프로디테)을 경배하기 위해서 입교한다는 것이다.

정확한 통계는 없지만 우리나라에 몇 백만 교인이 있다고 추산될 뿐이다.

또 호시탐탐 교인이 되려고 기회를 엿보는 사람도 많다.

한 번 교인이 되면 사망하거나 건강이 심히 해쳐졌거나 파산이 아닌 경우 외에는 절대로 배교하여 이탈하는 배교자가 없다는 것도 경외스럽다.

골프로디테여! 당신을 경배하나이다!

나 아닌 다른 교인들도 굽어 살피소서!

기왕에 중독되어 골프교에 입문한 것이라면 틈틈이 시간 내어 아를 단련하여 비아를 제압하는 승리자의 골프역사를 쓰면 어떠리?

윤발이의 골프이야기 20번째에서는 다시 암울했던 저의 하수적 이야기로 돌아가겠습니다!

골프이야기_그 열아홉 번째

골프여! 이젠 안녕!

2003년 타수 평균이 95.1타였다.

타수를 좀 줄여보자! 제발!

2004년 그 추웠던 겨울!

스님들이 하시는 동안거에 들어갔다.

너무 추워서 고통스러웠던 1, 2월을 연습장에서 보냈다.

그 추운 겨울이지만 중간 중간 필드가 너무 그리워 날씨예보를 보며 조금 따뜻한 날은 라운딩을 나갔다. 한국에서는 봄, 여름, 가을, 겨울－4계절 골프를 다 잘 쳐야 진정한 고수가 된다－는 전설을 믿고!

겨울골프도 나름 재미가 있었다.

드라이버를 치면 페어웨이가 얼어서 탕탕 튀며 볼이 엄청 멀리 나가 있다.

세컨샷에서 그린을 맞추면 튕겨나가서 다시 어프로치를 하고 또 어프로치를 하면 또 튕겨 나가서 양파!

고수들은 겨울골프도 잘 친다.

그들은 세컨샷을 짧게 쳐서 그린주변에 떨어뜨려 굴러서 온을 시킨다.

어프로치도 굴리는 런닝어프로치만 한다.

고수들은 겨울골프에 맞게 그들의 모든 샷을 자유자재로 바꾼다.

하수들은 겨울에도 똑같이 온그린을 노려서 돌땡이처럼 얼은 그린에 맞춰, 튕겨나가면 잘 쳤는데 튕겨나갔다고 억울해 한다.

어프로치도 띄워서 또 튕겨나가고———

겨울이 다 갈 때쯤 약간의 겨울골프의 요령을 조금 알게 되었다.

라운딩 중에 눈이 오면 빨간볼로 바꾸어서 발로 눈을 치우고 치기도 했다.

요즘 색깔 볼이야 거리도 많이 나고 흰볼보다 오히려 좋지만 그 때만 해도 겨울볼은 빨간볼 단 한 색이었으며 비거리며 타구감이 형편없었다.

그래도 조았다!

골프교에 흠씬 빠져 추운 줄도 몰랐고 골프에 대한 열정은 안 되면 안 될수록 더욱더 커져만 갔다.

그리고는 느낀다! 아! 아직도 가야할 길과 배워야 할 것이 멀고도 많음을!

2004년 3월 봄이 왔다!

겨울 내내 연습과 가끔씩의 라운딩을 했으므로 많은 발전을 기대하고 필드에 나갔지만 골프가 어디 그리 쉽게 느는 운동이던가?

지금 하는 연습이 6개월 후에 나온다는 것을 그때는 몰랐었다.

라운딩하고 오는 날에는 좌절감에 몸을 떨었었다.

그 해 봄은 라운딩을 자주 나갔던 것으로 기억된다.

뭔가 알 것 같은데 막상 필드에 나가면 하나도 모르겠는!

드라이버가 연속 두 번만 오비가 나면 위축되어 어떻게 쳐야 될지?

머릿속이 하얗게 비어지는 맨붕상태!

가도 가도 제자리걸음만 하고 있는, 답답해서 미칠 것 같은 답보 상태가 계속되었다.

어느 책에선가 본 적이 있는－수행하는 스님들이 걸리신다는 무기병!

깨달을 듯! 깨달을 듯! 하면서 깨닫지 못하고 머리만 빠개질 듯이 아프다던 그 무기병이 나의 골프에도 온 것이다.

그 당시 내 목에는 두 개의 빨대가 꽂혀져 있었다.

오른쪽에는 굵은 빨대와 왼쪽에는 가는 빨대.

매주 한 번씩 같이 라운딩을 한 지도 햇수로 5년에 접어들었지만 고수 두 명한테 계속해서 캐디피와 밥값을 상납하고 비굴하게 삐찌나 받아가고 있는 삶을 산지도 어언 5년－매번 나는 최소 20만 원은 잃었으므로 라운딩 한 번 할 때마다 라운딩비를 두 번씩 내고 치는 셈이다.

골프도 지지부진하고, 고수들 따까리 하는 것에도 지칠 대로 지쳐있을 6월 하순경!

친구의 초대로 용인의 어느 골프장에서 라운딩을 했다.

오천 원, 만 원하던 내기가 나중에는 땅에 땅을 불러서 한타에 4만 원씩 하는 내기가 되었다.

중간에 만세를 부르고 싶었지만, 자존심에 사는 어리석은 위인이라 전반 나인에 올인을 당하고 현금지급기에서 거금을 찾았지만 게임이 끝났을 때는 단돈 만원이 남아 있었다.

백만 원쯤 잃었던 듯하다.

그날 나는 101개를 쳤다.

저녁 먹으면서 그 친구가 오십만 원을 돌려주며 한말을 아직도 생생히 기억한다.－이제 좀 칠 때도 되지 않았냐?

아직도 그 모양이냐? 연습해! ㅅㄲ야!——

너무 자존심이 상하여 끝까지 거절하며 오십만 원을 받지 않았다.

돌아오는 길에 정말로 끓어오르는 분노와 자괴감에 중앙선을 넘고 싶은 충동마저 들었다.

골프가 도대체 뭐길래? 이렇게 먼 길을 달려와 돈 가져다 바치고 조롱거리가 되어, 만신창이가 되어 돌아가는 참담함!

그래! 차라리 골프를 그만 두자!

언제 부터 골프치고 살았냐?

한바탕 꿈이라 생각하고 접자!

이젠 정말로 지쳤다!

나는 골프를 그만두었다!

다시는 안치겠다는 결심을 했다!

골프여 안녕!

골프여 잘 있거라!

영원히! 영원히!

눈물의 이별을 하고 돌아섰다!

골프이야기_그 스무 번째

멈추면 비로소 보이는 것들

가는 데까지 가거라
가다 막히면 앉아서 쉬거라
쉬다 보면 새로운 길이 보이리

-김규동, 해는 기울고

2004년 6월 골프를 그만두고 나니 너무나 시간이 많다.

지난 5년간 내 여가 시간의 대부분을 골프와 함께 보낸 듯하다.

너무도 무료하여 등산을 하기로 했다.

등산화며 배낭 등등 등산장비 일체를 구입하고 북한산과 관악산 등산을 매주 다녔다.

친구들과 어울려 산을 오르며 이런저런 사는 이야기며, 정상에 올라 흠뻑 젖은 땀을 불어오는 바람에 날리며 집에서 가져간 배 한쪽에 내가 살아 있음을 느꼈다.

징그러운 골프와는 달리 등산에서는 오비도 없고 모래벙커도 해저드도 없다.

쪼루도 없고 쌩크도 없다.

내기는 더더욱 없다.

동반자들은 모두 내 적이 아니라 모두 다 나의 다정한 친구들이다.

골프 때려 치고 등산하기를 백 번 잘 했다고 생각했다.

단지 하산 후에 뒤풀이가 너무 거하여 다음날 새벽에 들어오곤 하여서 어머님이 북한산과 관악산이 경상도나 전라도로 이사 갔냐고 핀잔을 주시기도 했다.

등산 갔다 집에 돌아오는 엘리베이터 안에서 골프 끝나고 오는 옆집 아저씨를 만났다.

안녕하세요?

네!－하는 소리가 무겁다!

안녕 안 한 거 같다! 공 안 맞아서 뒈지게 터진 얼굴이다.

ㅋ 내가 그 심정 알지요!

아자씨도 골프 그만 두고 나랑 등산이나 다닙시다! 하고 싶었지만 참았다! ㅋㅋㅋ

불난 집에 부채질하는 거니까!

그렇게 등산에 빠져 행복한 몇 달이 지났다!

그러나 시간이 조금씩 지나감에 따라 엘리베이터에서 만나는－골프 치러 가거나 골프 치고 오는－보스턴백을 든 사람들한테 자꾸만 신경이 간다! ㅠ왜까?

자꾸만 골프가 치고 싶다!
골프의 여신 골프로디테가 보고 싶다!
폭신한 잔디가 밟고 잡다!
있는 힘을 다하여 드라이버로 흰 공을 후려 패고 싶다!
잔디가 아작이 나도록 아연을 찍어 치고 싶다!
라이를 태워서 홀인 시키고 싶다!
방카의 모래를 샌드로 다 퍼내고 싶다아~아!

골프교에 깊게 중독된 나를 발견하는 데는 채 3개월이 걸리지 않았다.

공이 치고 싶어서 몸이 덜덜 떨리는 금단현상!

등산하는 중간 중간에 나도 모르게 스틱으로 가라스윙을 하는 나를 발견하고 흠칫 놀랐던－산등성이를 오르내리며 오른쪽인가? 왼쪽인가? 라이를 보는 나!

허나 이제는 내가 먼저 골프 치자고 전화도 할 수 없다.

같이 공치던 모든 사람들한테 절대로 골프치지 않겠다!

－공치자고 전화하면 죽여 버리겠다!－라고 너무나 강하게 말했기 때문이다.

이사 간다고 그 집 우물에 떵 싸고 가지 말라는 속담이 있다.

나는 모든 골프 동반자들 한데 떵을 쌌기에 쉽게 돌아갈 수가 없다!

그 이후로는 매사에 딱 잘라 말하는 것은 몹시 경솔한 짓이라는 것을 깨달았다!

얼큰한 술기운을 빌려서 같이 공치던 모든 이들에게 안부전화를 빙자하여 공을 다시 치고 싶다는 부끄러운 고백을 했다!

송창식의 노래 '맨 처음 고백'처럼－맨 처음 고백은 몹시 힘이 들더라, 땀만 흘리며 우물쭈물!－

그들은 다시 나를 따뜻하게 받아 주었다!

나는 환속 4개월 만에 다시 산사로 돌아가 멀고도 험한 수행의 길을 다시 가게 되었다.

4개월 여로 끝난 방황은 나에게 너무나 분명한 이정표를 보여 주었다.

멀지만 가야 할 길!

내 인생 길!

절대로 다른 길을 갈 수 없다는 것을!

운명이라면 피하지 말고 부딪혀 이기리라!

혜민스님 말씀처럼 – 멈추면 비로소 보이는 것 – 들이 분명 있다!

매번 연습할 때 마다 바뀌는 스윙!

7번, 6번, 5번 아이언 거리가 같다.

오히려 정타가 나는 7번이 거리가 많이 난다.

그런데도 거리에 맞춰 캐디가 가져다 준 5번 아이언을 습관처럼 치고 있다.

이런 구습을 타파하기 위해서 과감하게 다시 레슨을 받았다!

10월에 다시 골프계에 복귀하여 90대 초반의 맹타(ㅋ)를 휘두르기 시작한다!

4개월 동안 골프채도 안 잡아 보았는데 골프가 늘어 있는 기이한 일이 일어났다.

지금 생각해보면 등산으로 하체가 좋아져서 비거리가 늘었고 레슨으로 스윙이 조아졌던 것 같다!

그렇게 또 한 해가 가려하고 있다!

2005년에는 보기플레이어가 되고 싶다! 꼭!

골프로디테여! 이 어린 양을 80대 골퍼로 이끄소서!

골프이야기_그 스물한 번째

보기플레이를 몇 미터 앞에다 두고!

2004년 12월~2005년 1월, 2월 처음으로 제대로 된 레슨을 받았다.

한 달 레슨비가 15만 원이었는데 3개월치로 50만 원을 주었더니 성심껏 지도해 주었다.

이미 나쁜 스윙이 몸에 배어 있어서 다 바꿀 수는 없고 현재의 상태에서 최선을 찾아보자는 믿음직한 프로였다.

삼십 중반의 티칭 프로였는데 나한데 형님이라 부르며 같이 술도 먹고 밥도 먹고 친하게 지냈던 것으로 기억된다!

그는 나의 문제점을 정확하게 알려 주었다.

아이언탄도가 너무 낮아서 방카가 앞에 있는 홀에서는 직접 온 그린을 노릴 수 없었다.

또 굴러서 올리는 굴비백반 샷이었으므로 포대 그린은 나에게 취약이었다.

아이언을 제 각도대로 치는 연습과 굴리는 어프로치샷, 70% 만의 힘으로 치는 드라이버샷!

3달의 레슨 후에 나는 많이 달라졌다.

평균 90대 초반을 쳤다.

왼쪽 목에 꽂혔던, 절대 빠지지 않을 것 같던 얇은 빨대가 서서히 빠지고 있다.

이제 혼자서 일방적으로 내던 캐디피며 밥값을 나누어 부담하게 하는 실력이 되었고 잘 맞는 날은 85타 정도 쳐서 독자적인 2등을 하여 따서 돌려주는 날도 있었다.

골프가 급 재미있어 지고 있었다.

그 당시 내가 고딩동기회장 이었는데, 동기골프모임이 최초로 발족되어 개백정들과 잡것들이 대거 골프모임에 들어왔다.

간이 배 바깥으로 나온(ㅋ) 개백정들이 나에게 스크라치로 도전을 해 와서 얼마나 즐거웠던지!

주제를 모르는 개백정들이 골퍼의 계급을 무시하고 이길 것 같은 착각에 빠진 그들의 계속적인 도전을 받아 그들을 엄히 다스리느라 바빴던 한 해였다.

딴 돈을 캐디피만 빼고 다 나누어 주면서 마치 싱글이 된 듯한 행복한 착각에 빠지기도 했다.

지금 생각해 보면 전투에서 노획한 노획물을 돌려주지 않았더라면 개백정들이 그리 달려들지는 않았으리라는 생각도 든다.

그러나 개백정들과는 멀어 졌으리라!

골프도 결국에는 사람만 남는다!

나중에 안 일이지만 고딩동창 개백정들이 잡것들을 몰래(?) 불러서 만 원, 이만 원 아주 갖기 내기를 하여 착취를 하는 것을 알고 새삼 골프생태계의 먹이 사슬이 정말 무섭고 골퍼의 절대적인 계급이 존재함을 그때 알게 되었다.

2005년 한 해는 고수들과 하수들과의 라운딩으로 정말 바쁜 한 해였고 하수계급과 중수의 중간 정도에 위치했었던 것 같고 보기플레이어를 몇 미터 앞에다 두고 있었다!

나는 그렇게 그렇게 저잣거리의 장똘뱅이 쌈꾼으로 매섭게 커 가고 있었다!

골프이야기_그 스물두 번째

골프약속에 관하여!

골프 약속은 본인 사망 이외에는 절대 캔슬 할 수 없다!
이 명제는 골프가의 불문율이다.

아무 이유나 통보도 없이 골프장에 나타나지 않는 no show!
헐이다! 헐!헐헐!
전화해보니 어제 술 많이 마셔서 뻗어 있단다.
그것도 라운딩하기로 한 동반자의 와이프가 전화를 받아서 대신 말할 때! 또 한 번 더 헐!
또 아예 전화를 꺼 놓는 배째라족!
다시는 필드에서 볼 수 없는! 아니 보고 싶지 않은 사람들이다.
하나를 보면 열을 안다.
평상시 생활도 안 봐도 알 수 있는 그런 무책임한 사람들! 골프라는 고급진 매너운동에 절대 안 맞는 무례한 사람들이다!
같이 공 칠 사람이 없어서 혼자 퍼블릭에 가서 모르는 사람과 조인하여 골프 치는 슬픈 사람들!

주변에 퍼블릭에 혼자 자주 가는 사람이 있다면 의심해 볼 필요가 있다!ㅋ

라운딩 전날 밤늦게 아무 대책 없이 전화나 문자 또는 카톡으로 불참을 통보하는 SSAGAGE!

이들 또한 골프계에서 추방되어 역시 마누라와 손잡고 퍼블릭에서 조인 라운딩을 할 수밖에 없는 불쌍한 사람들!

대타라도 구해서 보내야 하는 것이 골프매너이다.

동반자들에게 부득이한 자기의 사정을 이야기하고 동반자들과 같이 라운딩을 해도 불편하지 않는 사람을 대신 보내야 하는 것이 매너다.(라운딩비를 대신 내주든지 어떠한 동원 가능한 수단을 다하여)

골프라운딩 약속을 할 때는 스케줄을 확정할 수 없을 때는 약속을 하면 안 된다.

중간에 취소할 약속이면 처음부터 하지 않는 편이 낫다.

골프약속은 대개는 2주 전에 잡힌다.

부득이한 상황일 경우에는 취소통보를 최소 일주일 이전에 완곡한 표현으로 하여야 한다.

그것도 딱 한 번 취소할 수 있다.

매번 간다고 하고는 매번 취소하는 사람도 있다.

이 또한 골프계에서 추방감이다.

이러한 자들 때문에 골프가에서는 요런 말이 전해 내려오고 있다!

－골프모임 총무하는 자식은 낳지도 마라－

－골프총무 오래하면 암 걸린다－

－골프총무 2년 이상하면 천당간다－

천둥번개를 동반한 악천후 등의 천재지변도 동반자들의 동의를 얻어야 캔슬 할 수 있다.

동반자들이－일단 클럽하우스에서 식사하면서 상황을 지켜보자－라고 하면 빗속을 뚫고 달려가서 함께 대기하고 있어야 한다.

비가 안 그칠 경우 같이 식사를 하고 헤어지거나 만난 김에 스크린이라도 치고 헤어져야 후환이 없다.

혼자 잘난 척하여 비 안 그친다는 일기예보만 믿고 집에서 개기거나 회사로 출근했는데, 날이 개어서 세 명이 라운딩을 했을 경우!

그 후폭풍은 인간으로 차마 감당할 수 없는———

상상에 맡기겠다.

또 비가 오는데도 3명의 동반자가 라운딩을 원할 시에는 그에 응해야 한다.

우비를 입고 우산을 들고 라운딩을 시작해야 한다.

－니들 끼리 쳐라! 나는 몸이 약해서! 감기 걸릴까봐 못치겠

다!－하면서 집에 가면, 그 이후에 그 자를 필드에서 본 사람은 아무도 없다는－소문이!ㅋ

다음은 lateness!

골프장에는 적어도 30분 이전에 도착해 있어야 한다.

라운딩 전에 그날의 그린스피드가 어떤지? 퍼터도 몇 개 해보고 빈 스윙도 여러 번 하여 운전하며 오느라 굳은 어깨며 허리를 풀어 놓아야 한다.

티샷이 끝나고 카트를 타고 세컨샷을 향하여 출발할 때!

잠깐! 하며 나타나서 마지막 티샷을 하는 사람들이 있는가 하면 몇 홀이 지난 후 마샬의 카트를 타고 나타나는 왕지각족들도 있다.

그런 상황에서 공이 잘 맞을 리 없다.

처음 라운딩을 하는 상황이면 대단한 실례이다.

요즘은 교통체증이 심하여－차사고 나서 차가 밀렸다－라고 말하면 대충 이해를 해 주지만, 다음 번 라운딩에 또 늦으면 얘기가 달라진다.

일단 사업파트너로서는 절대 불가 판정을 받게 되고, 동반자가 갑일 경우 거래처가 떨어져 나갈 확률 몹시 높고 노골적으로 하대를 하는 수모를 감수하여야 한다.

동반자가 을인 경우는 어쩔 수 없이 참지만, 불쾌함을 참느라 얼굴이 울그락붉그락 해진다.

그늘 집에서 불쾌한 모멸감을 참느라 안주도 없이 막걸리 2통 이상 비우게 된다.

머릿속에는 온통–빨리 돈 벌어서 저놈의 갑으로부터 빨리 벗어나야지–하는 생각뿐이다.

그날 골프는 보나 마나 끝난 거나 마찬가지다.

동반자가 친구끼리인 경우, 끝날 때까지 세 명의 집중포화를 받아서 공을 잘 칠 수 없는 상황이 된다.

말대꾸하며 개길 시에는 큰 싸움으로 번져 한동안 쌩을 까는 사이가 되기도 한다.

친구 간에는 어느덧 신의 없는 놈이라는 소문이 돌아서 갑자기 대타를 구하는 경우가 아니면 잘 불러 주지 않는다.

이렇듯 골프약속은 절대 결석이나 지각이 용납이 되지 않는 골프의 여신 골프로디테와의 신성불가침의 약속입니다.

약속을 잘 지킵시다!

골프이야기_그 스물세 번째

싱글패를 예약하다

2006년 1월 3일 한겨울인데도 날씨가 포근하다.

아니나 다를까?

전화가 왔다! 모하냐? 11시까지 서원으로 와라!

yes, sir!

나도 공이 치고 싶었는데 吾心이 汝心이라!

이제는 겨울골프도 제법 잘 친다.

그린이 얼은 홀은 한 클럽 작게 쳐서 굴려 올라가도록 하고 양지바른 곳에 있어서 녹아 있는 홀에서는 바로 그린을 공략하는! 나름 겨울 골프에 매력에 빠져 있었던 때였다.

겨울이라 스트록을 하지 않고 십만 원씩 내어서 스킨스 게임을 했다.

스킨스게임이라 수상권에서 멀어진 1 m 퍼팅 두 개를 오케이 받았다.

전반을 40개로 넘었다.

오늘 샷감이며 퍼팅감이 너무 좋다!

왠지 오늘 79를 칠 것 같은 예감에 후반에는 오케이를 받지 않았다.

17번홀까지 8오버다! 18번홀에서 빠디를 낚아야만 79를 칠 수 있다!

드라이버를 잡았다!

손에 전해오는 경쾌한 타구감!

잘 맞았다!

꽝꽝 얼어있는 페어웨이를 팅기며 구르며 볼이 앞으로 엄청 갔다!

세컨샷! 캐디언니가 120야드 남았다고 한다.

그린이 녹아 있어서 바로 그린을 공략하란다.

피칭웨지를 잡았다.

기도하는 마음으로 샷을 했다!

한 마리의 작은 새가 핀을 향해 날아가는!

그리고 핀에 사뿐히 내려앉는다!

우리말로 하면 핀발!

세 발자욱 오르막 퍼팅을 남겨 두고 있다.

라이는 없다!

오르막이므로 조금 강하게 스트록했다.

땡그렁! 경쾌한 금속음을 귀로 들었다!

79타! 평생 못 쳐 볼 것만 같았던 싱글을 한 것이었다.

만세! 만세! 만세! 대한민국만세!(그때는 대한이, 민국이 ,만세가 아직 태어나기 한참 전이었다!ㅋ)

퍼터를 들고 하늘을 보았다.

골프의 여신 골프로디테가 나를 보고 빙그레 웃고 계셨다.

그분이 오셨던 거다!

그분이 싱글을 하기에는 택도 없는 나를 싱글로 인도하셨다!

믿습니다! 당신의 전지전능함과 당신의 존재를!

나는 그렇게 그 겨울의 한가운데에서 준비되지 않은 싱글을 했다!

그런데 전반에 받은 오케이 두 개가 문제였다.

찬반양론이 첨예(?)하게 대립했다.

싱글찬성론자들은 싱글하려고 동반자들에게 오케이를 강요하여 싱글패를 만드는 사람도 있는데, 너의 오늘 퍼팅감이면 그거 두 개 무조건 넣었을 거다!

오늘 싱글 한 거고 금 한 냥을 올려서 싱글패를 해 주겠다.

싱글반대론자들은 골퍼에게 있어서 첫 싱글의 의미는 자못 크다!

따라서 본인이 찜찜하다는 생각이 들면 다음에 싱글했을 때 – 싱글한 날을 오늘로 소급해서 패를 만들자!였다.

나 보고 선택하라고 한다!

갈등에 갈등을 거듭하다가 반대론이 합리적인 것 같아 싱글 기념식을 다음 번 싱글을 치는 날로 미루고 며칠 후에 겨울 전지훈련지인 코타키나발루에서 찐하게 한잔하기로 했다.

그리고 정확히 3년 10개월이 지난 2009년 10월에 생애 최초 이글과 동시에 79를 친다.ㅠㅠ

나의 싱글패는 2006년 1월 3일 날로 소급하여 만들어져 있다.

2006년은 나의 골프인생에 잊혀 지지 않는 한 해였다.

처음으로 코타키나발루로 동계 전지훈련도 가 보았고 송추 CC에 일 년 회원권도 구입하여 지인들을 초청하여 라운딩을 하기도 했던!

이때부터 주2회 라운딩 골퍼가 되었으며 평균타수 90의 중간보수(중수)의 반열에 올라 캐디피며 밥값의 착취로 부터 해방되어 참자유를 찾은 한 해였다.

2006년 11월 15일부터~12월 5일까지 무려 20일간의 대장정!
미국동부로 골프투어를 떠나게 된다!
윤발이의 미국골프투어 대장정!
기대하셔도 좋습니다! ㅋ

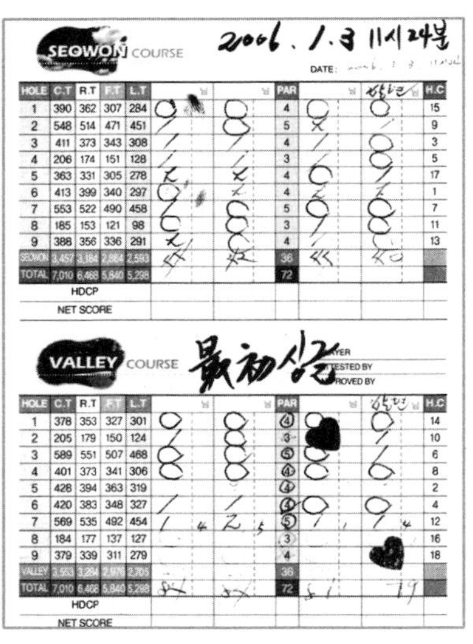
SEOWON COURSE

DATE:

HOLE	C.T	R.T	F.T	L.T	PAR	H.C
1	390	362	307	284	4	15
2	548	514	471	451	5	9
3	411	373	343	308	4	3
4	206	174	151	128	3	5
5	363	331	305	278	4	17
6	413	399	340	297	4	1
7	553	522	490	458	5	7
8	185	153	121	98	3	11
9	388	356	336	291	4	13
SEOWON	3,457	3,184	2,864	2,593	36	
TOTAL	7,010	6,468	5,840	5,298	72	
HDCP						
NET SCORE						

VALLEY COURSE

PLAYER
ATTESTED BY
APPROVED BY

HOLE	C.T	R.T	F.T	L.T	PAR	H.C
1	378	353	327	301	4	14
2	205	179	150	124	3	10
3	589	551	507	468	5	6
4	401	373	341	306	4	8
5	428	394	363	319	4	2
6	420	383	348	327	4	4
7	569	535	492	454	5	12
8	184	177	137	127	3	16
9	379	339	311	279	4	18
VALLEY	3,553	3,284	2,976	2,705	36	
TOTAL	7,010	6,468	5,840	5,298	72	
HDCP						
NET SCORE						

골프이야기_그 스물네 번째

골프매너에 관하여!

골프는 매너의 신사게임이다.

골프에서는 무례한 한 사람의 동반자로 인하여 세 사람의 골프가 망가져 버린다.

골프장 도착시간은 늦어도 앞 팀이 카트를 타고 세컨샷을 하러 출발하기 바로 전까지는 티박스에 나와서 동반자들과 캐디언니 구령에 맞춰 맨손체조 또는 집총체조(ㅋ)를 하여야 한다.

세 명의 티샷이 끝나고 카트가 출발하기 바로 전 도착하여 자동빵으로 말구 티샷을 하면 벌써 매너에서 엄청난 감점사항이다.

동반자가 티샷을 할 때는 절대 정숙이다.

첫 홀은 오랜 운전, 긴장 등등으로 근육이 경직되어 있어 파 잡기가 쉽지 않은 홀이다.

최대한 집중하도록 도와주어야 한다.

티샷 하려 할 때 별로 중요하지도 않은 이야기들을 큰소리로 나누는 사람들이 있다.

－야! 너 밥 먹고 왔니? 응! 오다가 해장국 한 그릇 먹고 왔어!－

아니! 신발! 지금 그게 무슨 중요한 얘기라고 막 어드레스 들어가서 임팩하려는 순간에 해장국 쳐드신 얘기냐고요!

오비가 나거나 쪼루가 나면 니들이 떠들어서 그런 거라는 생각이 지워지지 않는다.

친한 사이라면 말씀 도중에 쳐도 되겠습니까?

아니면 다 끝나고 칠까요? 라고 반드시 물어 보고 티샷을 하여야 한다. ㅋㅋ

티샷하려고 할 때 뒤에서 가라스윙을 해서 붕붕 소리를 내는 개매너!

자기는 네 번째 타자인데 처음부터 가라스윙 소리로 세 명의 티샷을 망가 놓고는 자기만 잘 치는 개세이!

그가 갑이거나 직장상사라면 어찌 말릴 수 있는 뾰쪽한 방법이 없다!

단지 속으로 아! 신발늠! 개세이!

다음은 기도드리거나 목탁 치는 동반자!

티박스에 올라가서 무슨 기도를 드리는지?
이제나 칠까? 저제나 칠까?
치려 하다가 아멘 하고 다시 나와서 가라스윙하고, 또 기도! 미치겠다.
뒤에 팀이 밀려 있건만!
아저씨!(아직까지 저세이 ㅆㅂ 가라스윙이야!)
제발 좀 치셔요.

티샷하기 전에 드라이버로 땅을 목탁 치듯 치는 친구도 있다!
세어 보았더니 톡, 톡, 톡, 톡, 톡 …… 톡－18번을 친다!
에이 18늠!
내가 충고하였더니 이제는 세 번만 친다. ㅋ

고딩동창 중에 한 친구는 천둥번개 칠 때 머리를 올려서 티박스에 올라가면 치고 바로 내려온다.
너무 빨라서 치는 순간을 도저히 볼 수가 없다!
초고속 카메라로 촬영을 시도했지만 너무 빨라 촬영을 못했다. 그래도 그 친구는 싱글골퍼다.
최고의 매너남!

또 다른 나의 친구 중에 한 넘은 티샷하는 공 앞에서 딱 한

발짝 떨어져서 쪼그리고 앉아서 드라이버샷을 관찰한다. 아니 연구 하나보다.

얼굴을 들면 그색이 공 앞에 앉아 있다.

－야! 좀 저리가라! 너 드라이버에 맞을 까봐 못 치겠다－ 하면, －ㅆㅂㄴ 졸라 예민하네－한다.

같이 공치지 않으려 해도 그놈의 50년 정이 뭔지?

세컨샷을 할 때 홀에서 멀리 있는 골프볼 순으로 쳐야 안전 사고가 안 일어난다.

뭐가 그리 급한지 뒤에서 볼치는 것은 아랑곳 않고 목숨을 걸고 혼자 앞으로 돌진하는 저돌맹진형 동반자.

집중해서 임팩하려 할 때 앞으로 홱 지나가는 검은 그림자!

만약 그 아이언을 던졌더라면?

오랜 연습으로 내공이 쌓인 나의 칠번 아이언의 임팩이면 황소도 즉사한다!

식은땀이 온몸에 쫘악! 사람하나 잡을 뻔 했다!ㅠ

그 다음 부터는 그 사람 어디 있나? 살피느라 공이 안 맞는다.

자기 차례 아직도 멀었는데 다른 사람들 세컨샷 할 때, 캐디언니한테 거리 얼마나 남았냐고 큰 소리로 계속 물어 보는 동반자!

캐디언니 정신 좀 차리게 좀 만 기다리셔요!ㅠ

그린에 올라가서는 지켜야 될 매너가 훨씬 많다.

자기 라이 본 다고 남의 라이 짓이기는 행위! 절대금지!

상대방 퍼팅라인 선상에 서 있으면 안된다!

드라이버 칠 때 늘 코앞에 쪼그려 앉아 있는 친구는 퍼팅할 때도 고개를 들어 보면 항상 내 퍼팅라인 선상에 서 있다.

내 펏이 안 들어가기를 기도하면서 보려고 하기 때문인데, 퍼팅라인선상 말고 옆에서 보면 될 것을ㅠ.

여름날 오후에 그 친구의 머리 그림자가 홀컵에 올려져있었다!

－좀 비켜라 하면, 또 ㅆㅂㄴ 되게 예민하네－한다.

자꾸 그러다 보면 다툴 것 같아서 참고 퍼팅을 하면 집중이 안 되어 펏이 잘 안 된다!

얼음땡 놀이 시키는 동반자!

퍼팅할 때 캐디언니가 다른 동반자들 볼을 닦아주거나 라이를 봐 주려고 움직일 때!

야! 움직이지마! 하면 캐디언니와 함께 다른 모든 동반자들이 매홀 그린에서 얼음땡이 된다.

한 번만 같이 라운딩 해 보면 절대 다시는 같이 라운딩을 할 수 없는 정신병 수준의 극도 예민자!

자기 퍼터가 안 들어가서 속상하여 한 번 더 연습 펏 하고 싶은 심정을 이해 못 하는 바 아니지만, 동반자가 신중하게 퍼팅할 때 자기공 그린에 내려놓고 가라퍼팅 계속하는 것도 아주 나쁜 비매너이다.

짧은 거리 퍼팅을 놓쳤는데 세게 쳐서 더 멀어졌을 경우-동반자들이 오케이를 주지 않았는데 공을 들어 버리는 행위! 그것도 배판에서!-공 안 맞아서 이미 돈을 많이 잃고 있는 동반자도 있는데ㅠㅠ

자기가 공이 안 맞을 때 징징거리면서 동반자들을 괴롭히는 행위!

공이 안 맞을 때는 침잠하라!

그리고 마음을 가다듬으라!

징징거리지 말고!

마지막으로 아무도 담배 안 피는데 혼자만 카트 앞에 앉아서 계속 줄 담배 피는 행위!

가급적 티샷 할 때만 그리고 동반자들이랑 조금 떨어져서 피우시면? 감사하겠습니다!

매너를 잘 지키시어 멋진 골퍼가 됩시다!

26번째 이야기는 다시 미국골프투어 이야기입니다!^^

골프이야기_그 스물다섯 번째

미국투어를 위한 전야제

2006년 11월 15일부터 20일간의 미국골프투어의 대장정은 이미 6개월 전에 정해진 일이었다.

미국에 가기 전에 같이 가기로 한 거래처 사장님들이랑 영어회화 공부를 했다.

일주일에 2회 2시간씩 레슨을 받았다.

우리의 영어를 지도했던 영어선생님이 지금은 시원영어스쿨로 유명한 이시원 선생이었다.

그 당시 이시원 선생은 캐나다에서 막 공부를 마치고 한국사람들에게 영어를 쉽고 빠르게 배우게 하는 나름의 노하우로 지금의 시원영어를 구상 중이었던 것 같았다.

내가 명리학 공부를 좀 해서 사주팔자를 제법 본다고 했더니 – 시원 선생이 자기가 지금 뭔가 구상하는 게 있는데 잘 되겠냐고? 묻기에 – 장난처럼 펼쳐본 시원 선생의 사주! 엄청난 운이 밀고 들어오고 있어서 대박이 나서 앞으로 만날 수 없는 사람이 될 거다－라고 말했더니 시원 선생이 웃으면서 －사장님 감사합니다! 정말 큰 힘을 얻었습니다－했던 기억이 난다.

그리고 몇 년 후 시원 선생이－우리 회사 앞을 차타고 지나가다 사장님 생각나서 전화 드린다－했을 때가 시원샘이 막 잘나가기 시작했던 때였던 것 같다.

명리학이라 부르는 사주팔자를 그냥 미신으로만 치부할 수는 없음을!

그 오묘함에 푹 빠져 깊이 공부해 본 사람들은 알고 있다.

10년이 채 지나지 않았지만 이시원 선생은 영어강의로 대성공을 한 사람이 되지 않았던가?

암튼 시원선생과 몇 달 같이 한 영어공부는 20일 동안의 미국여행 내내 많은 도움이 되었다.

정해 놓은 날은 금방 다가온다고 했던가?

내일이면 미국투어 대장정에 오른다.

눈에 가시처럼 보이는 3번우드를 미국 가기 전에 교체하고 싶어서 골프샵에 들렀다.

남녀가 깊은 호감을 느끼는데 걸리는 시간은 처음 눈을 마주친 0.1초의 시간이라고 한다.

내가 이 녀석을 만났을 때 그랬다.

우연히 마주친 기가 3번 금방망이 우드!

아! 그래 너다! 한눈에 내 채임을 알 수 있었다.

내가 그토록 애타게 찾던 천상의 3번우드!

딱 보아도 잘 맞게 생긴!

중고지만 상태가 거의 새것이고 금장이라 거금(ㅋ)을 주고 샀다.

바로 연습장으로 갔다.

지금까지 보아왔던 3번우드들보다는 5번우드와 같은 느낌이 나는! 왠지 잘 맞게 생긴 그런 우드였다!

깡! 헉! 첫인사에 바로 200야드 존에 똑바로 날아가 떨어진다.

또 깡! 날카로운 금속음과 함께 또 200야드 꼬챙이로 날아간다.

또 깡! 라이나성 일직선 타구!

계속되는 일직선타구의 향연! ㅋ

골프를 시작하고 7년이란 세월이 흘렀지만 3번 우드를 지금처럼 자신 있게, 똑바로 200야드를 그것도 계속해서 날려 본 적이 없었다.

이 녀석은 그 동안 파5에서 쌓였던 나의 울분을 풀어 줄 것 같았다.

사람들 간의 궁합처럼 아무리 연습해도 나랑 안 맞는 채가 있고 그냥 바로 연습 없이도 잘 맞는 채가 있다는 것을 알게 되었다.

혹시 연습을 많이 해도 잘 안 맞는 채가 있다면 과감히 버리고 새로운 채를 찾으라 권하고 싶다.

나의 가까운 지인 중 한 명은 공이 안 맞으면 연습을 하지 않고 채를 교체하는데 그러고 나면 한동안 잘 치곤하는 것을 보았다.

기분 문제일까? 아니면 궁합이 맞는 채를 만난 것일까?

파5가 가장 쉽다는 말은 나에게는 정말 이해가 가지 않던 시절!

드라이버 거리도 짧은데, 우드를 잘못 치니 4온하기 빠듯하여 잘 하면 보기 아니면 떠블을 했던 마의 파5!

그러나 미국의 파5에서는 왠지 3온 파를 할 것만 같은 뿌듯한 예감!

집에 돌아와 마지막으로 짐을 다시 챙기고 새로 산 보검 3번 우드를 마른 수건으로 깨끗이 닦아서 넣고 항공커버를 씌웠다.

여권을 챙겨 넣고 잠자리에 들었지만 쉽게 잠이 오지 않는다.

내일이면 꿈에도 그리던 20일간의 미국골프여행!

돌아 올 때는 반드시 한 단계 업 된 골퍼가 되어 돌아오리라!

비장한 마음으로 잠이 들었다!

골프이야기_그 스물여섯 번째

미국골프투어 1

2006년 11월 15일 워싱턴덜레스공항발 비행기에 올랐다.

무려 14시간의 비행!

알뜰살뜰 모아 노은 마일리지로 비즈니스로 업!

처음 가보는 미국에 대한 설레임에 잠이 오지 않아 그동안 못 보았던 영화들을 몇 편 보았다.

로마의 휴일, 악마는 프라다를 입는다! 등등 기억에 남는 영화들이었다.

워싱턴덜레스공항에 도착했다.

공항에 내려서 입국수속을 밟는데 911테러 이후 까다로워진 입국절차와 나는 처음 미국에 와서 그런지－왜왔냐? 언제 가냐? 한국에서 너 모하냐? 어디서 있을 거냐? 돈 얼마 가지고 왔냐? 미국에 니 친구 모하는 애냐? 등등 십여 분 가까운 수사성 질문을 받고 겨우 풀려났다.

아마도 내가 영어를 잘해서 그나마 빨리 석방된 듯!ㅋ
영어 안 되면 다시 저 뒤로 보냈다가 통역오라고 한다.
미국의 하급공무원들(경찰 포함)은 백인우월주의와 미국인 우월주의에 빠져 살고 있는 듯하다.

이미그레이션을 통과하고 나오니 거래처 사장님 동생이 벌써 우리를 마중 나와 있다.
우리들 입국수속이 늦어져서 많이 기다렸다고 한다.
간단한 수인사를 나누고 차에 올랐다.

20일 동안 묵을 그 동생분 집에 여장을 풀었다.
첫날부터 라운딩이 잡혀 있었지만 비가 제법 많이 와서 아쉽지만 라운딩을 취소하고 바로 골프샵으로 향했다.
엄청나게 큰 골프샵에서 나는 그 당시 대세였던 테일러메이드 R7 드라이버를 샀다. 레귤러인데도 어메리칸 버전이라 제법 스티프하다!

같이 간 일행 중 한 형은 테일러메이드 드라이버에서 켈어웨이아연, 퍼터까지 완전 개비를 했다.

가격이 한국대비 거의 반값이다!

내일 라운딩 잡혀 있는 골프장이 pleasant valley GC라고 한다.

저녁은 시내로 나가서 순두부백반을 먹었는데, 아우!

얼큰 담백한 게 한국보다도 훨씬 맛있다.

비행기 안에서 거의 잠을 못 잔 탓에 너무 피곤하여 일찍 잠자리에 들어 곯아 떨어졌다.

깨어보니 새벽 2시다!

많이 잔 거 같은데, 죽음보다 깊은 잠을 잣는데!ㅠ

14시간의 시차는 미국체류의 상당기간 나를 괴롭혔다.

창밖을 보니 비가 개어있다.

오늘 부터 시작될 골프투어! 새로 산 드라이버와 한국에서 가져온 금장 기가 3번우드가 치고 싶어 미치겟다!ㅋ

골프이야기_그 스물일곱 번째

미국골프투어 2

한국사람처럼 일하면서 북한의 월급을 받고 일본사람의 집에서 영국요리를 먹고 한국남자와 사는 것이 지옥이라 한다!

독일사람처럼 일하고 스위스인의 월급을 받고 프랑스 요리를 먹으면서 일본여자와 미국인의 집에서 사는 것을 천국이라고 한다!

우리 3명이 베이스캠프로 정한 곳은 버지니아주의 페어팩스에(미동부의 8학군이라고 한다)있는 미국의 대저택이었다.

대저택의 안주인께서는 대저택에 걸맞게 요리솜씨가 뛰어나셨다.

아침 해장국으로 끓여 주신 완전 시원한 김치콩나물국을 먹고 Pleasant valley GC로 향했다.

말로만 듣고 텔레비전에서 보던 미국의 골프장!

페어웨이와 그린을 제외하고는 모두 자연 그대로의 경관을 살린 그런 골프장이다-스카이72의 오션코스와도 같은-O.B는 없으며 페어웨이를 놓치면 모두 갈대숲으로 빠져서 공을 찾으면 언플레이 볼을 선언하고 한타 벌타를 받고 나오기로 동반자 룰을 정했다.

보기만 해도 마음이 편한 넓은 페어웨이!

그런데 졸라 긴 거리는 부담스럽다!

미쿡에서의 첫티샷! 마치 머리 올릴 때처럼 가슴이 울렁울렁! 쿵쾅쿵쾅!

새로 바꾼 테일러메이드 드라이버R7이 불을 뿜었다.

세컨샷 200야드 남아있다.

미쿡에 오기 전 새로 산 금방망이 giga 3번우드! 왠지 자신이 있다!

깡! 경쾌한 소리를 내며, 비행기 안에서 사 온 켈어웨이 골프공이 직선을 그리며 날아가서는 그린 에지에 맞고, 온그린 되는 것을 보았다!

분명히 보았다!

꿈의 200야드 3번우드 온그린!

그 긴(?)세월동안 얼마나 갈망하고 열망하던 순간이었던가?

나도 이제는 장사정포를 보유하게 되었다.

첫 홀에서 2온 무난히 파를 잡았다.

계속되는 홀 모두가 길다.

3번우드와 3번 아연, 4번아연을 자주 치게 되는 거리가 남는다.

인간은 적응의 동물인가 보다!

후반으로 갈수록 우드와 롱아이언의 성공률이 높다.

한국에서 빨대를 꽂았던 동반자들이 나의 장사정포에 흠칫 놀라는 표정이다!

골프는 상대성 멘탈 게임이다.

드라이버가 짧은 동반자가 뒤에서 롱아연 또는 우드로 샷하여 계속 온그린을 시킬 때 장타자들은 긴장하여 미스샷을 하게 된다.

나는 미쿡골프투어 첫날 88타를 쳤다.

그 긴 미쿡의 골프장에서 장타자에 굴하지 않고 장사정포로 맞대응을 했다.

미쿡의 긴 파5에서 파2개, 보기2개를 하며 개가를 올린 것이다.

이제는 3번우드와 롱아연이 더 이상 두렵지 않다!

뿌듯한 자신감이 몰려 왔다. 전리품으로 50불을 땄다!

저녁에 베이스캠프로 돌아와 맛난 저녁식사 후에 메릴랜드 교수로 재직했던 주인장과 카스코에서 사온 코로나 맥주 2박스(12병)를 나누어 마시며 새벽까지 영어로 대화를 나누는 재미가 쏠쏠했다.

동갑이라서 취중에 친구를 먹(ㅋ)었다!

골프이야기_그 스물여덟 번째

미국골프투어 3

한국에서 늘 골프에 목말라 있던 나는 매일 골프장을 바꾸어 가며 18홀 또는 27홀 라운딩을 하는 재미에 푹 빠져 시간 가는 줄을 몰랐다.

우리가 도착하기 6개월 전부터 좋은 골프장의 할인티켓을 차곡차곡 모아 온 주인장의 배려로 저렴한 가격에 정말 멋진 골프장에서 라운딩을 할 수 있었다.

다시 한 번 감사의 마음을 전한다.

평일 미국의 골프장은 텅텅 비어 있다.

노부부 2인 라운딩이거나 혼자서 라운딩하는 사람이 많다.

혼자서 라운딩 하는 사람한데 패스를 해주면 후다닥 치고 카트를 타고 사라지는 모습은 한국의 만원 골프장과 반드시 4인 한 팀을 만들어 치던 나에게는 경이로운 광경이었다.

미국의 골프장은 모두 페어웨이가 넓은 대신 길이가 길다.

파4는 평균 400야드 수준이다.

3번, 5번 우드와 3번 아연과 4번 아연을 달고 살앗다.

미국에서의 라운딩 횟수가 거듭됨에 따라 나의 우드력과 롱아이언력은 하루가 다르게 무섭도록 성장했다.

이제 3번 우드는 더 이상 3번 쳐서 1번 잘 칠 수 있는 채가 아니다.

200～210야드를 똑바로 보낼 확률 90% 정도!

롱아이언도 곧 잘 치게 되었다.

주인장과 친분이 있는 지인들도 바쁜 중에도 짬을 내어서 우리들과 여러 번의 라운딩을 함께 해 주었다.

내가 사주팔자를 잘 본다는 헛소문(?)이 나면서 저녁이면 맛있는 음식을 가지고 와서 사주팔자를 보러온 교포들로 문전성시(ㅋ)를 이루곤 했다.

내가 귀국할 때 그분들이－한국에 가지 말고 여기서 사주봐 주면서 같이 살자－고 했던 걸 보면 내 명리학 실력이 그런대로 괜춘이라능!ㅋ

처음 가보는 미쿡!

연일 이어지는 라운딩 중에도 틈틈히 짬을 내어 꿈(ㅋ)에도 그리던 뉴욕 맨하튼과 워싱턴 관광도 했고 워싱턴대학에 교환학생으로 가 있던 조카 혜원이도 만났다.

한국으로 돌아오기 전날!

미국에서 처음 라운딩 했던 Pleasant Valley에서 마지막 고별 라운딩을 했다.

하늘은 온통 먹구름으로 가득했고 엄청난 강풍이 불었다.

한국에서 접해보지 못했던 악천후 상황이었다.

강풍에 오래된 고목들의 가지가 떨어져서 여기저기서 쿵쿵 소리가 났다.

머리에 맞으면 직사할 수도 있는 상황이었다.

미국에서의 계속된 라운딩으로 나름 물이 올라있던 내 샷은 대자연의 변화무쌍함에 속수무책이었다.

허나 같이 갔던 고수형아는 그 강풍에서도 바람을 뚫고 자기 타수를 치는 것을 보고 – 아! 나는 아직 멀었구나! – 어떠한 상황 속에서도 자기 실력을 발휘할 수 있는 그 경지에 그저 찬사만을 보낼 뿐이었다.

2006년 11월 15일부터 – 12월 5일까지, 20여 일 동안의 미국골프투어를 통하여, 나는 3번 우드와 롱 아이언을 잘 칠 수 있게 되었다.

그토록 나를 괴롭혀 왔던 파5는 이제는 파 또는 보기를 보장해 주는 꿈의 홀이 되었다.

미국에서 내내 나를 괴롭혔던 13시간의 시차는 친구들과 귀국환영파티에서 마신 엄청난 양의 소주로 한방에 시차는 해결되었다!

3번 우드를 정복(?)했던 2006년의 12월! 조국의 품에 안겨 따뜻한 망년회를 즐겼던 기억이 새록새록 떠오른다!

아! 지금도 생생한 미국 골프투어여!

다시 돌아갈 수 없는 시간이었기에 행복하였네라!

미국버지니아에서 라운딩 했던 골프클럽

1. PleasantValley GC
   처음과 마지막 날 골프 친 곳, 공항근처
2. Westfields GC
3. StoneWall GC 2번란딩
4. Old Hickory GC
5. PB Dye GC 2번란딩
6. Reston National GC
7. Virginia Oaks GC
8. Bull Run GC
9. South Riding GC
10. Penderbrook GC
11. Goose Creek GC
12. Twin Lakes GC

골프이야기_그 스물아홉 번째

핵보유국이 되다

20일간의 미국골프유학(ㅋ)을 마치고 돌아와 보니 2006년 한 해가 저물어 가고 있다!

미국에서 닦아온 기량을 뽐내고 싶어서 한겨울에도 라운딩을 자주 나갔다.

미국에서 갈고 닦은 3번우드와 롱아이언의 장사정포는 짧았던 내 드라이버를 커버하기에 필요하고도 충분하였다.

그토록 어렵게만 느껴졌던 파5에서 세컨샷을 3번우드로 멀리 날려 놓고 숏아이언으로 온그린하여 버디를 노릴 때, 이게 꿈인가? 생신가?

내가 파5에서 3온을 하다니? 게다가 버디를! 그것도 파5에서!

골프가 너무 너무 재미있어서 미칠 것만 같았던 시절!

오랜 세월을 간절히 짝사랑 해 왔던! 꿈속의 사랑을 현실로 이루어 낸!

이제는 더 이상 짝사랑이 아닌 나의 연인을 만든! 그런 기분!

2007년 7월 13일 내 골프 Life에 있어 지대한 사건이 일어났다.

그 당시 시가 6억을 호가하던 명문 골프장!

주중회원이 되려 하는 사람이 200명이나 대기하고 있다던!

꿈의 골프장 서원밸리의 주중회원으로 당당(ㅋ)하게 입성하게 된다.

어떤 사람이 서원밸리 주중회원으로 입회하려다가 급한 사정이 생기는 바람에, 나랑 친한 형아가 반칙으로 나를 새치기 시켜 주어서 대기하고 있던 200명을 제치고 졸지에 회원이 되었다.

어찌 되었건 나는 주중회원이지만 그토록 오래 동안 갈망하던 명문 서원밸리의 회원이 되었다.

이제는 내가 골프가 치고 싶을 때 확 그냥! 막 그냥! 여기저기 막 그냥! 공을 칠 수 있게 되었다!

골퍼에 있어서 회원권을 갖는다는 것은 국가가 핵을 보유하게 된 것과 같다!ㅋㅋ

처음 내 이름으로 부킹하여 친한 친구들과 라운딩하기로 한 전날 설레임에 잠을 못 잤던 것을 보면, 그때만 하더라도 좀 어렸던 듯하다.

2007년 7월 이후 나는 골프를 좋아하는 모든 친구, 선후배, 동료들을 내 나와바리로 초청하여 라운딩을 했다.

골프에 완전 미쳐버렸었던 때이다.

아침에 일찍 회사에 출근하여 결재하고 부랴부랴 서원밸리로 퇴근하곤 했다.

2007년 10월에 연속골프16일의 대기록(?)과 한 달 26번 라운딩(동반자 모두 다르게)의 금자탑(?)을 쌓아 올리면서 순수아마추어 한 달 최다라운딩 기록으로 기네스북에 올랐다능!ㅋㅋ

2007년 1년 동안의 타수를 평균해보니 87타!

이때부터 나는 큰 기복 없는 따박이 골퍼로 불리우게 된다.

나는 이제 더 이상 하수가 아닐 뿐만 아니라 캐디피며 밥값을 가지고 다니지 않을 정도의 실력을 갖게 되었다.

시나브로 머리올리고 만9년이라는 세월이 흘러있었다.

오랜 세월(?)정말 어렵게어렵게 조금씩조금씩 진화해왔다!

허나, 어머님! 아직은 연습장에 불을 끌 때가 아닙니다!

싱글의 그날까지 윤발이의 진화는 계속됩니다.

골프이야기_그 서른 번째

연습방법에 관하여

대추가 저절로 붉어질 리는 없다
저 안에 태풍 몇 개

-대추 한 알, 장석주-

흔들리지 않고 피는 꽃이 어디 있으랴
그 어떤 아름다운 꽃들도
다 흔들리며 피었나니

-흔들리며 피는 꽃, 도종환-

하루를 연습하지 않으면 내가 알고
이틀을 연습하지 않으면 갤러리가 알고
사흘을 연습하지 않으면 온 세계가 안다.

- 벤호건 -

골프의 또 다른 이름은 연습이다.

- 타이거우즈 -

골프에 나이는 없다.
몇 살에 시작하더라도 연습하면 실력은 늘어난다.

– 벤호건 –

오늘 1,000개를 치려했으면 1,000개를 때려야 한다.
오늘 999개를 치고 내일 1,001개를 치려는 순간 성공할 생각은 말아야 한다.

– 최경주 –

비기너의 큰 결점은 좋아하는 샷만 연습하고 싫어하는 샷은 연습을 않는다는 것에 있다.

– 버너드다윈 –

연습보다 중요한 것은 없다.
내 아버지는 지름길이 없다고 했다.
충분한 연습으로 샷을 가다듬고 매 경기마다 최선을 다해야 한다.

– 타이거우즈 –

골퍼에게 있어 연습의 중요성은 아무리 강조해도 지나치지 않다!는 말은 위의 세계적인 골퍼들의 글을 보더라도 알 수 있다.

어떤 사람들은 말한다. – 내가 너처럼 연습하면 벌써 싱글됐다! – 내가 너처럼 필드 많이 나가면 너보다 잘 칠 수 있다! – 라고!

그런 말 하지 말고 그처럼 연습하고 그보다 필드에 많이 나가서 그보다 더 잘 치는 골퍼가 되라.

시간이 없어서! 돈이 없어서! 같이 필드에 나갈 친구가 없어서!

명심하라! 골프의 3요소는 시간, 경제적 여유, 동반자이다!

시간이 없어서 연습을 못 할 정도라면 골프를 그만 두고 휴식을 취하라.

경제적 여유가 없어서 필드에 못 나간다면, 골프를 그만두고 등산을 권하고 싶다.

함께 라운딩 할 친구가 없다면, 먼저 친구부터 사귀고 골프를 시작해도 늦지 않다.

이 모든 것들은 얍삽한 핑계에 불과하다.

내가 아는 지인은 무서운 연습으로 필드에 그리 많이 나가지 않고도 싱글을 유지하고 있다.

우리 아마골퍼에게는 골프에 할애된 시간이 그리 많지는 않기 때문에 이 제한된 귀중한 시간을 아껴서 보다 효율적인 연습을 하여야만 한다.

연습을 하지 않고 골프를 잘 치기를 바라는 사람은 공부하지 않고 고시패스를 바라는 자와 같다고 하여도 과언이 아니다.

백돌이를 빨리 벗어나서 싱글로 가기 위해서는 시간이 나는 대로 미친 듯이 연습을 해야 한다.

보통 연습장에 가면 골프화 갈아 신고 스트레칭하고 자판기 커피 한 잔 마시면 실제 연습시간은 1시간이 못된다.

이 짧은 시간에 효율적인 연습방법은 샌드나 피칭 등 어프로치에 사용하는 웨지를 연습하고 난 뒤에 9번아이언, 7번아이언, 5번아이언 순으로 연습한 후 우드 그리고 드라이버순으로 연습을 하면 짧은 시간에 효율적인 연습을 할 수 있다.

나도 백돌이 시절에는 모든 아이언을 전부 연습하곤 했는데, 이채도 저채도 다 연습은 했는데, 다 안 맞는!

이것저것 엄청 주워 먹었는데 배고픈 느낌!

5천원짜리 뷔페를 먹은 느낌!이었다.

9번을 연습하면 피칭과 8번을 잘 칠 수 있다.

7번을 연습하면 8번과 6번을 잘 칠 수 있다.

5번을 연습하면 6번과 4번을 잘 칠 수 있다.

홀수 아이언 연습방법으로 바꾼 후 실제로 타수가 많이 줄었다.

효율적인 연습이 이루어진 결과였다.

클럽별 연습시간 배분은 실전에서 많이 쓰이는 순서별로 시간을 안분하여야 한다.

드라이버는 한 게임에 14번을 친다.

퍼터를 제외한 어떠한 채도 18홀 중에 14번을 사용하는 채는 없다.

그만큼 드라이버는 중요하다.

드라이버를 잘 못치면 골프를 치러갔다가 본의 아닌 등산을 할 수도 있다.

자다가 뛰어나가도, 만취상태에서 드라이버를 휘둘러도, 개미허리 같은 페어웨이 한가운데에 볼을 날려 놓을 자신이 있을 때 까지－연습시간의 50% 할애하여야 한다.

18홀 중에 오비가 1개를 초과한다면 싱글이 될 수 없다.

될 때까지 연습하라!

골프의 여신 골프로디테가 드라이버는 이제 됐다!－라고 할 때까지－손과 장갑이 찢어져 누더기가 될 때 까지 연습하라!

연습장에 와서 캐디백을 열자마자 드라이버부터 냅다 갈기는 자들은 백돌이들이다.

고수들은 어프로치부터 서서히 몸을 풀면서 긴 채로 옮겨가지만 드라이버에 한이 맺힌 백돌이들은 그렇게 오래 참을 수가 없다.

그놈의 드라이버 O.B 때문에 백돌을 못 벗어나는 그 처절한 심정을 나도 알기에, 백돌이들의 드라이버 연습 앞에 늘 숙연(ㅋ)해진다.

혼신의 힘을 다해서 때리지만 실상은 힘을 제대로 실어서 공을 치지 못한다.

세게 치면 칠수록 슬라이스와 훅이 더욱 심하게 난다.

그렇다고 해서 힘을 뺀다는 명목 하에 임팩을 강하게 하지 않으면 거리가 안 난다.

드라이버는 절대적으로 있는 힘을 다해서 쳐야한다.

처음에는 방향성에 문제가 생기지만 계속적인 연습은 어느 순간에 방향성과 비거리를 동시에 가져다준다.

연습장에서 연습 시에 드라이버의 샷의 진폭이 좌우 10 m를 넘어서는 안 된다.

다음은 3번, 5번우드이다.

18홀 라운딩 중에 파5는 네 개가 있다.

적어도 4번은 꼭 써야 되는 채이다.

파5를 장악하지 못하면 보기플레이어가 될 수 없다.

그러니 이 또한 부단한 연습을 아끼지 말아야 한다.

아이언도 4.5.6.7.8.9.P.S 모두 샷이 다르다.

샷은 하나다!－란 말에 현혹되어 혼란에 빠져있는 백돌이들이 많은데－절대 아니다. 롱아이언은 긴 빽스윙과 부드러운 느낌으로, 숏아이언은 다소 가파른 빽스윙과 강하게 찍어 치는－치는 방법이 다르다.

중요한 것은 자기만의 스윙을 빨리 정립하여야 한다.

어프로치의 중요성은 골퍼라면 다 알리라!

허나 연습장에서는 효율적인 연습이 잘 안 되는 것이 이 어프로치이다.

자주 필드에 나가야 길러지는 스킬인데, 필드에 자주 못 나간다면 파3 연습장을 틈틈이 찾아서 어프로치 연습을 하여야 한다.

뼈를 깎는 노력 없이 절대로 골프는 늘어주지 않음을 명심해야 한다.

벙커샷! 벙커가 두려우세요? 그러면 당신은 백돌입니다!

벙커샷의 모래를 다 퍼내야 벙커에서 나온다면 분명 백돌이 보다도 못한 언카운터블 골퍼이리라!

벙커에 들어갔어도 최소한 보기는 해야만 한다.

그렇지 못 하다면!

동해안 백사장으로 가라!

볼 하나 샌드 하나 만을 가지고 가서 해가 질 때까지 백사장 끝과 끝을 왔다 갔다 하며 샌드연습을 하라! 그날 이후엔 벙커의 두려움은 사라지리라!

고생한 당신! 벙커연습이 끝나고 싱싱한 회와 소주 한 잔을 권합니다! ㅋ

마지막으로 퍼터는 18홀에서 프로들도 30번 이상 쓰는 채이다.

집에 적어도 5보 이상 되는 퍼팅매트를 구입하여 틈틈이 퍼팅연습을 하여야 한다.

일정한 스트로크에 의한 직진성이 엄청 좋아진다.

전설의 무사 미야모토 무사시는 1.000일의 수련을 鍛(단)!

10.000일의 수련을 鍊(련)! 이라했다!

鍛(단)해야 보기플레이어가 되고,

鍊(련)해야 진정한 싱글이 된다.

비록 멀고도 험한 길이지만 우리 모두 鍛鍊(단련)합시다!^^

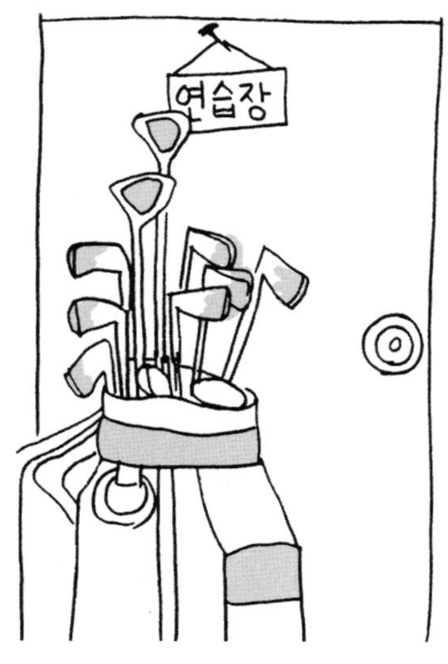

골프이야기_그 서른한 번째

파주농사꾼이야기

파주에 농사꾼이 있었다.

조상 대대로 일산에서 농사를 짓고 살다가 일산에 신도시가 들어오는 행운으로 그의 부모는 거액의 보상을 받게 되었다고 한다.

학교에 다니지 못했지만 지혜로웠던 그의 부모는 –송충이는 솔잎을 먹어야 한다– 라는 굳은 신념으로 보상 받은 돈으로 파주 교하에 더 넓은 땅을 사들여 경작하다가 노환으로 돌아가셨다.

–송충이는 솔잎을 먹어야 한다– 라는 유언을 남긴 채!

몇 년이 흘렀다.

파주 교하에 또 신도시가 들어섰다.

그는 더 많은, 아니 어마무시한 현금 보상을 받았다.

하루아침에 졸부가 되어버린 그는 대부분의 졸부들이 그러하듯이 술과 여자에 빠져 이혼을 하고 상당액의 보상금도 날렸다고 한다.

그렇게 하릴없이 허송세월을 보내던 중에 우연히 집 앞 골프연습장 구경을 가게 된다.

처음 보는 골프연습광경!

지게 작대기를 거꾸로 들고 계란을 때리는 듯한!

소시쩍에 산에 나무하러 갔다가 산에서 나는 작은 과일열매를 지게 작대기로 쳐대던 것과 너무나 흡사한 운동!

아주 재미있었던 추억의 놀이!

그는 그날로 골프채를 사서 골프에 입문하게 된다.

남의 간섭을 싫어하는 그는 골프레슨을 받지 않고 혼자서 골프연습을 했다.

엉성한 폼에 꾀죄죄한 외모의 백돌이 파주농사꾼이 수백억 현금을 가지고 있는 졸부라는 소문이 나면서 연습장의 날파리(?)들이 달라붙었다.

내기 골프꾼들이 이 파주농사꾼에게 처음 하는 오장게임에서 핸디를 듬뿍 주고 잃어 주었다.

기고만장해진 그는 한 타당 만 원, 이만 원, 이만 원, 사만 원에서 급기야 타당 십만 원짜리 골프를 치게 된다.

현금을 너무 많이 가지고 치다보니 허리에 전대를 두르고 치는 골프가 연일 계속되었다.

하루에 보통 사오백만 원씩 잃는 골프를 매일 쳤다고 한다.

내기 골프의 횟수가 거듭되면 될수록 그의 골프실력은 비약적인 발전을 한다.

처음 같이 내기를 하던 내기 골프꾼들은 늘어 가는 그의 실력을 감당치 못하여 미모의 여성골퍼를 내기에 끌어들여 미니스커트를 입고 노팬티로 라이를 보게 하는 등의 온갖 치졸한 방법으로 농사꾼의 혼을 홀딱 빼어서 일 년 동안에 오억이라는 적지 않은 돈을 땄다고 한다.

어느덧 겨울이 왔다. 내기 골프도 끝이 났다.

그러나 승부욕이 강한 농사꾼은 너무나 분하고 억울하여 매일밤 잠을 이루지 못했다.

돌싱녀가 된 여자티칭프로와 일 년 계약으로 필리핀으로 갔다는 소문과 필리핀의 퇴물여자프로와 일 년 계약 동거에 들어갔다는 소문만 파다한 채 그는 홀연 자취를 감춘다.

필리핀 퇴물여자프로와 일 년 계약 동거에 들어간 파주농사꾼은 그녀의 지도하에 하루 36홀의 라운딩 300번과 하루 1,000개의 공을 치면서 평균 이븐파를 치는 초정절 고수급 인간 병기로 거듭 태어났다.

그는 투어프로도 졸면 잡히는 정도의 무협지에서나 나오는 금강불괴 무극지체의 경지에 도달했다.

어릴 적부터 지게질과 농사일로 잔뼈가 굵은 그는 왜소한 체격이지만 힘과 운동신경과 근성이 있었다.

그러나 필리핀 프로도 그의 허술한 스윙폼을 교정해 주지는 못했다.

눈물로 부여잡는 필리핀 프로를 뒤로 하고 파주농사꾼은 지난 일 년의 행적을 비밀에 부친채로 다시 파주로 돌아왔다.

그리고 예전의 내기꾼들과 다시 내기 골프를 벌였다.

그러나 이제는 타당 십만 원이 아닌 타당 백만 원짜리 초대형 스펙타클 역대급 내기 골프가 벌어졌다.

엉성한 폼, 꾀죄죄한 외모, 누가 봐도 우습게 보이는 그와의 골프에서 패배를 인정하고 싶지 않았던 상대들은 매번 잃고도 그 결과에 승복 못하고 도박 골프는 계속되었다.

농사꾼이 이전에 잃었던 5억을 다시 찾은 데는 채 3개월이 걸리지 않았다.

이제 도박 골프의 양상이 달라져서 지존급 골퍼들까지 동원된, 제주골프장부터 시작하여 서울골프장에 도착했을 때는 몇십억에 달하는 빌딩의 소유권이 농사꾼 앞으로 이전되고 다시 서울에서 제주로 남하하면서 공을 치면 또 농사꾼 앞으로 빌딩 소유권이 이전되는 거액 도박 골프가 계속되었다 한다.

그 당시 농사꾼의 골프실력은 타수를 마음대로 조절할 수 있는 아마와 프로의 경계선에 있는 아마골퍼의 최정상급이었다.

프로와 아마의 차이가 극명한 게임이 두 가지가 있다.

그 하나는 바둑이다.

아마바둑의 최강자도 갓 입단한 프로기사를 호선으로 절대 이길 수 없다. 이길 확률 0%다.

그 두 번째가 골프이다.

아마골퍼가 투어프로와의 게임에서 이길 확률 또한 0%에 가깝다.

딱딱하게 다지고 누르고 깎은 그린에 볼이 맞으면 아마골퍼가 친볼은 모두 튕겨 나가서 그린 오버가 된다.

그러나 프로는 그 딱딱한 그린에서도 무섭게 걸린 빽스핀으로 공을 그린에 세운다.

또 유리알 그린에서의 퍼팅실력의 차이!

이런 극명한 실력차가 아마와 프로의 차이이다.

그 당시 파주농사꾼의 실력은 프로와 아마골퍼의 경계선에 있었다고 하니 그의 골프실력을 과히 가늠할 수 있다.

그 후 파주농사꾼은 같이 내기골프를 친 사람들로부터 사기도박으로 고소를 당하게 되어 구속되었다고 한다.

하지만 법원은 – 타인을 기망하여 재산상의 이익을 취하여야 하는, 사기죄는 성립되지 않고 – 타인을 기망, 즉 타인을 속여서 공을 쳐야 되는데 골프의 성격상 속이는 것이 어렵고

속인다는 것을 입증하기도 어려울 뿐만 아니라 내기 골프의 상대방들이 농사꾼의 허접한 폼을 보고 우습게 여겨 자발적으로 달려듬 등의 이유로 - 도박죄만을 인정하였으나 - 농번기에 농사꾼은 농사를 지어야 한다 - 라는 탄원서를 받아 들여 그를 집행유예 하여 주었다.

그렇게 풀려난 농사꾼은 풀려나자마자 내기 도박골프를 계속하여 지금 까지 하고 있다는 전설이 전해 내려오고 있다.

확인된 바 절대 없음(ㅋ)

2008년이 되었다.

되돌아 보건데 열심히 노력한 결과 매년 2타씩 줄어왔던 것 같다.

동네 골프계에선 따박이로 정평이 나면서 어떤 골프장 어떤 동반자와 공을 쳐도 85타는 쳤던 듯하다.

누가 봐도 엉성한 폼에 짧은 비거리!

파주농사꾼처럼!

그래서 만만해 보이는 나에게 지고 가는 동반자들은 자존심이 상하여 반드시 - 다음에 또 치자! - 라고 한다.

한동안 터져(ㅋ)봐야 정신을 차리고 고수로 인정하고 물러선다.

파주농사꾼의 내기 상대들처럼!

그래서 그 당시에는 나에게는 늘 일용할 하수들이 넘쳐 났었다.

만만해 보이지만, 막상 같이 쳐 보면 짧지만 절대 오비가 나지 않는, 페어웨이 안착률 거의 100%의 완벽한 드라이버 샷!

공을 잃어버리지 않아서 볼 하나로 72홀을 쳤었을 정도였다.

a ball in golf를 몸으로 실천하던 시기!

파온을 자주 못 시키지만 그린주변에서 정교한 어프로치와 날카로운(ㅋ)퍼팅으로 파를 낚아서 장타자들의 심금을 울렸던 시기였다.

제일 뒤에서 우드나 롱아연으로 투온을 시켰던 시기!

엉성해 보이지만 절대 엉성하지 않은 파주농사꾼 같았던 시기!

윤발의 골프는 수중전, 공중전, 흙탕물, 똥물, 홍등가, 청등가를 두루 거친 쌈닭으로 진일보하고 있었던 시기!

2009년을 맞이하여 나의 골프는 일대 전환기를 맞게 된다.

Coming soon!

골프이야기_그 서른두 번째

무례한 하수를 통하여 나를 돌아다 보다!

골프는 인생의 반사경, 티샷하여 퍼팅으로 끝내기까지의
과정이 바로 인생항로이다.
동작 하나하나가 바로 그 인간됨을 적나라하게 드러낸다.

– 셰익스피어

2008년이 저물어 가던 12월 말경의 몹시 추웠던 어느 날.

SW.CC에서 우연히 그를 만났다.

물경 30년 만의 해후였다.

한눈에 그를 알아 보았다.

그의 이름을 불렀다.

그날 나는 강추위와 바람으로 얼굴에 테러범들이 쓰는 눈만 나오는 복면 모자를 쓰고 있었다.

그가 복면을 쓰고 있는 테러범이 자기 이름을 정확히 부르자 적잖이 당황하는 듯했다.

모자를 벗었다.

아! 주윤발! 그가 나를 알아보고 반겼다.

명함을 주고받고 다음에 연락하여 같이 골프를 치기로 하고 헤어졌다.

그 이후 겨울 내내 나는 그를 잊고 있었다.

그렇게 겨울이 지나고 2009년 3월이 되었다.

그로부터 연락이 왔다.

－죽마고우들끼리 골프 함 치자－

그렇게 하여 그와의 골프가 시작되었다.

그 당시 그의 골프실력은 겨우 백돌이를 면한 수준이었다.

핸디 5개 받고 배판 없이 만 원짜리를 치자고 한다.

백돌이 주제에(ㅋ)－나야 고맙죠.

소시적 친구 네 명이서 라운딩을 하면 거의 그가 꼴찌였다.

캐디피만 내고 다 돌려주고 위로차 밥도 사주곤 했다.

그의 승부욕은 실로 대단했다.

나한테 지고 가는 것이 몹시 분했던지 매번 골프가 끝나면 그다음 주에 부킹을 잡고 헤어진다.

골프가 거듭될수록 그는 승부욕의 화신이 되어 무례해지기 시작했다.

처음부터 골프를 좀 잘못 배운 듯했다.

그가 처음 머리를 올리러 가서 티샷을 하는데 밑에서 공이 안 올라와서 캐디언니한테 왜? 공 안 올라오니? 물었다고 한다.

동반자들이 깜짝 놀라서 즉석에서 공이며 티를 걷어서 그에게 주었다고 한다.

그는 필드에서도 연습장처럼 티박스에서 공이 올라오는 줄 알았다고 하니 그의 골프에 무지한 정도가 가늠이 된다.

그리 시작한 골프가 오죽할까!

나무관세음보살!

AE! 사회성 없는 세이!

룰도 대충대충 지키고 1.5 m면 오케이를 당연하게 받았던 듯 했다.

그가 기대했던 오케이를 받지 못하자, 그는 몹시 불쾌한 표정으로 파펏을 한다.

들어갈리 없다. 평소에 오케이를 너무 후하게 받아서 숏펏의 긴장감을 못 이기는 거다.

번번이 가까운 파펏을 놓치고 따블을 한다.

그럴 때 마다 그는 격노해지며 온갖 욕설을 늘어놓는다.

때로는 퍼터를 집어던지고 심지어는 그린을 퍼터로 찍어 버리는 온갖 방자한 행동을 일삼았다.

한 번은 공이 안 맞는다고 라운딩 도중에 그만 치고 자기는 먼저 집에 가겠다고 까지 했다.

그럴 때마다 나는 그에게 냉정한 말투와 표정으로 - 너랑 골프는 오늘이 끝이다 -

욱하지만 본시 마음은 착한 그가 사과하고 고놈의 정 때문에 다시 받아주고 또 싸우고 그렇게 그 무례한 하수를 인간 만드는데 만 5년이 걸렸다.

지금은 공도 잘 치고 매너도 좋다.

사람은 서로의 상호작용에 의해 사람됨이 개선 또는 개악된다.

敎學相長－가르치고 배우며 함께 성장 한다－

그래서 주변에 좋은 사람들을 많이 두어야 한다. ㅋ

내기 골프에서는 눈으로 보아서 정말 우정에 금갈 정도가 아니면 오케이를 주지 않는다.

내리막 옆라이에서는 우정에 금가는 거리가 남아도, 아무리 이쁜 애첩한테도 절대 오케이를 주지 않는다고 한다.

골퍼들은 알고 있다. 내리막 옆라이 50 cm 퍼팅의 공포를! 라이를 보지 않고 확 밀어 넣을까?

라이를 많이 보고 살살 태울까?

골프는 머릿속에 생각이 많으면 안 된다.

이도 저도 아닌 퍼팅으로 홀컵에 들어가지 않은 볼은 천천히 굴러서 서지 않고 계속 흘러 내려 갈 때의 애타는 심정!

마음속으로 애타게 스톱! 스톱! 그만!을 외쳐보지만 야속한 볼은 아랑곳하지 않고 흘러내린다.

오르막이긴 하지만 흘러내린 거리가 5발자국 퍼팅, 결코 쉽지 않다.

동반자들은 모두 파를 해놓고 기다리는데, 나만 트리플 펏을 할 때의 그 참담함! 다 아시죠!

그는 드라이버 비거리에 엄청난 욕심을 가지고 있었다.

있는 힘을 다하여 후려갈긴다.

맞으면 비거리가 제법 길었다.

그럴 때마다 그는 그의 뒤에 있는 나의 공을 보며 우쭐대곤 했다.

마치 골프가 멀리보내기 운동인 양!

그러나 하수가 무리한 체중이동과 있는 힘을 다하여 치는 드라이버샷이 과연 몇 개나 잘 맞을까?

보통 한 게임에서 5개 이상의 오비를 내니 알아서 스스로 자멸하는 수준이었다.

또 드라이버가 밀려서 45도 경사면에 있는 볼을 투혼을 시킨다고 캐디언니한테 3번우드를 가져 오라고 한다.

－경사도가 높으니 아이언을 쳐라－하면 또 온갖 욕설을 늘어놓으며 거부한 후, 오비를 내고 스스로 분하여 씩씩거리기 일쑤였다.

나는 그에게 구찌를 가하거나 무례한 행동을 절대 하지 않았다.

85타 정도를 일정하게 치는 나의 따박이 골프가 그에겐 구찌였으며, 잦은 숏퍼팅 미스와 잦은 드라이버 오비가 그 친구

스스로의 셀프구찌였으리라!

가만히 두어도 스스로 자멸하는 개백정의 전형!ㅋ

그러나 그 친구는 매 번 지고도 골프가 끝나고 밥을 먹을 때 – 너는 여자처럼 친다느니, 노인네 골프라는 둥 – 나의 자존심을 자극했다.

그러면 그럴수록 그 와의 골프에서 처절하게 그를 짓밟았다 – 딴 돈을 돌려주지 않고 게임비로 내었더라면 그 친구가 빨리 착해지지 않았을까? – 하는 생각도 든다!ㅋ

그러나 내 마음 한구석에서는 짧은 비거리에 대한 콤플렉스가 싹트고 있었다.

그 친구의 구찌를 통하여 나 자신의 골프를 뒤돌아보는 계기가 되었다.

스윙폼이며, 비거리며 일체 무시한 오로지 밀림에서 살아나기 위한 숏게임 위주의 생존 골프!

85타 정도를 치게 되니 독학의 아픔이 느껴진다.

현재의 샷으로는 70대 싱글을 절대 할 수 없다.

오비는 안 나지만 일단 드라이버가 200야드 정도로 너무 짧고 아이언의 탄도가 너무 낮아서 벙커 뒤의 핀을 직접 공략하지 못하고 벙커를 피해서 친 후 어프로치로 붙여서 파 또는 보기를 하는 변칙 골프.

그린 주변에 벙커가 많고 포대그린을 쓰는 뉴코리아CC 에서는 보기 플레이도 버거웠다.

팔십 중반의 골퍼로 만족하고 말 것인가? 아니면 환골탈태하여 70대 싱글로 나아갈 것인가?

윤발이의 뼈를 깎는 노력은 계속됩니다.

개봉박두! Coming soon!

골프이야기_그 서른세 번째

솔개의 선택

솔개의 수명은 놀랍게도 70년~80년이라고 한다.

솔개가 40년을 살면 부리와 발톱이 무디어지고 깃털도 많아져 몸이 무거워지기 때문에 빠른 비행을 할 수 없다고 한다.

여기서 솔개는 선택을 한다.

그대로 굶어 죽던지, 아니면 바위산에 올라 100여일의 처절한 재창조 과정을 통하여 – 길어진 부리로 바위를 쪼고 갈아서, 부리를 날카롭게 한 후, 그 부리로 털과 발톱을 뽑아, 가벼운 새깃털과 날카로운 새발톱을 얻어서 – 다시 40년을 더 산다고 한다!

오랜 기간 독학으로 몸에 밴 나쁜 스윙은 나의 골프의 한계를 드러내고 있다.

85타가 한계인 것 같았다.

어찌할까? 그냥 이대로 대충대충 치면서 살자!

85타 정도면 훌륭하지 아니한가?

내기에서 자존심도 잃지 않고 동반자들과 어울려 치기 딱 좋은 타수지 아니한가?

미물인 솔개도 재탄생의 고통을 이겨내고 재비상하건만, 만물의 영장인 내가 작은 만족에 안주하여 솔개만도 못한 삶을 살 것인가?

어찌할까? 불면의 밤이 지속되었다!

갈까? 말까?

나는 결국에는 솔개의 선택을 하리라는 것을 이미 알고 있다.

다만 망설이고 있을 뿐이었다.

소싯적 제기차기가 그랬고 학창시절 탁구가 그랬고 당구가 그랬고 바둑이 그랬다.

그 잡것들을 위하여 얼마나 많은 중요한 것들을 희생시켜 왔던가?

그 짓을 어른이 된 지금에 또 다시 한다???

그래! 다시 한다!

골프는 내 젊은 날의 쓸데없이 에너지를 낭비했던 잡기들과는 비교도 아니되는 신성 불가침의 득도의 운동이다!

그래! 좋다! 가자! 싱글 그 열반의 경지로!

솔개처럼 바위산에 오르기로 결정을 했다!

바위산에 올라, 닭날개를 찢어발기리라!

거래처 사장님 중에 지존급 골퍼가 있다.

그는 지존이므로 아주 아주 가끔씩 라운딩을 할 수 있다.

그는 매번 나에게－김 사장님은 양 팔을 겨드랑이에 바짝 붙여서 스윙아크가 너무 작은, 세칭 닭날개 스윙을 고치지 않으면 골프 더 이상 늘지 않는다－라고 늘 말했었다.

벌써 만 십 년을 해온 닭날개 스윙을 어찌 고칠까?

스윙을 바꾼다는 것은 팔자를 바꾸는 것만큼이나 어렵다고 한다.

실제로 우리 주변의 많은 골퍼들이 몇 달의 레슨을 통해 스윙을 교정했다고 하지만 필드에 나가서 공이 잘 맞지 않는 날, 곧 바로 다시 예전의 스윙으로 리셋 되는 과정을 얼마나 많이 보아 왔던가!

그래도 나는 가야만 한다.

이 모든 것을 이겨내고 기필코 고쳐야만 한다!

내 골프의 문제점을 면밀히 분석했다.

첫 번째 – 닭날개 스윙으로 너무 작은 아크에 임팩트도 없이 공을 톡톡 친다.

그 결과 드라이버 비거리가 너무 짧다.

남자는 비거리, 여자는 폼이라 했다.

짧은 나의 비거리 때문에 – 여자 같다느니, 노친네 골프라느니 – 하는 자존심 상하는 소리를 많이 들었다.

두 번째 – 아이언의 탄도가 아직도 너무 낮아 그린에 공을 세우지 못한다.

아연을 제 각도 대로 치지 않고 다 덮어 치는 스윙이었다.

비거리를 늘리기 위하여 스윙아크를 크게 해서 임팩트를 강하게 하는 연습에 돌입했다.

절대 될 리 없다!

임팩으로 강하게 치려 하니 악성훅이 나고 스윙아크를 크게 하여 부드럽게 치려하면 슬라이스가 나고, 훅과 슬라이스를 번갈아 내며, 다시 백돌이로 돌아갔다.

하루에 드라이버만 200개씩 쳤다.

말이 200개지, 드라이버 있는 힘 다하여 200개 치면 아무 생각이 없어지고 그냥 집에 가서 뻗고 싶은 마음뿐이다.

그렇게 일주일을 연습하면서 깨달음을 얻었다.

빽스윙 작게! 임팩트 꽝! 팔로우 길게!

한달의 연습으로 비거리 20야드를 늘렸다.

드라이버 비거리 200 m=220 yard를 치게 되었다.

아이언을 그라파이트에서 경량스틸로 바꾸고 한샷한샷 정확하게 찍어 치는 연습을 했다.

아이언을 9번, 7번, 5번 홀수 채를 집중적으로 연습했다.

드라이버 비거리가 20야드 늘면 두 클럽이 짧은 아이언으로 그린을 공략할 수 있다.

나의 나와바리 서원밸리에서 여지껏 한 번도 쳐보지 못한 저 앞(ㅋ)에서 세컨샷을 치니 골프가 정말 많이 쉬워졌다.

스틸아이언은 예전의 그라파이트보다는 채가 잘 빠져 나갔고 맞을 때 손맛도 조았다.

무엇보다도 아이언의 탄도가 높아지고 볼에 스핀이 걸리게 되어서 벙커 뒤의 앞핀도 바로 공략할 수 있게 되었다.

83.82.81.80타를 계속치는 기적(?)이 일어나고 있다.

그러나 79타를 치는 데는 번번이 실패했다.

그러던 2009년 10월의 어느 날!

생애 첫 eagle 과 2006년 1월 3일 79타를 처음 친 이후 3년 10개월 만에 생애 두 번째의 79타를 치게 되고, 동반자들로부터 금 한 냥을 곁(ㅋ)들인 싱글패를 받는 개가를 올렸다.

닭날개를 찢는 아픔을 이겨내고 윤발이의 골프는 늦지만 10년 동안 조금 조금씩 진화해 왔습니다.

한 단계 up된 골프 재미에 푹 빠져 살던 어느 날, 황당한 일이 일어나고 그 일로 말미암아 윤발의 골프는 심각한 슬럼프의 날을 보내게 됩니다!

Coming soon!

골프이야기_그 서른네 번째

嗚呼痛哉오호통재라 嗚呼哀哉오호애재라

공자님의 군자삼락!

1락 – 배우고 때로 익히면 즐겁지 아니한가!
2락 – 벗이 있어 스스로 멀리서 나를 찾아오니 이 또한 즐겁지 아니한가!
3락 – 다른 사람이 나를 알아주지 않아도 화내지 아니하면 군자가 아니겠는가?

2락 – 有朋自遠方來(유붕자원방래)

유붕 – 일단 벗이 있어야 한다. 걍! 친구 말고 벗!
당신은 벗이 있는가?

자원방래 – 스스로, 멀리서 찾아 와야 한다!
내가 오라고 해서, 마지 못해오는 것이 아니라

친구가 자발적으로 스스로!
그리고 멀리서 와야한다.
옆집 사는 친구가 아닌,
아주 멀리서 와야 한다.

공자님 시절(B.C－기원전)에 동문수학하며 밤을 세워서 술을 마시며 인생을 이야기했던, 절친했던 친구들이 공부를 마치고 각자의 경륜을 펴기위해 수 천리 아니 수만리 먼 곳으로 뿔뿔이 헤어졌다가, 나를 만날 목적 하나 만으로 스스로 한 달을 걸어와서, 내 앞에 불현 듯 서 있을 때! 그때의 감격! 필설로 다 표현할 수 있을까?

나는 그래서 유붕자원방래를 가장 멋지다고 생각한다!

골프삼락

1락－내가 골프를 끝내고 따뜻한 탕에 누워 있을 때, 돌연 천둥 번개를 동반한 폭우가 내릴 때
2락－더운 여름날 라운딩 후 마시는 시원한 맥주의 첫잔!
3락－신호등 걸렸을 때 딴 돈 세어보는데 만 원짜리들만 있는 줄 알았는데 오만 원짜리도 하나 끼어 있을 때ㅋ

골프삼락을 즐겼던 그날!

갑작스런 비와 오랜만에 만난 반가움 그리고 전리품(?)의 반환차 허름한 카페로 2차를 갔었다. 대리운전으로 집에 왔으니, 제법 마셨던 듯하다.

그 다음 날 연습장에 가서 트렁크를 열고 캐디백을 빼려는데, 헐! 헐헐! 헐헐헐! 골프빽이 없다! 맨붕!

어젯밤 비가 많이 와서 내가 차문을 안 닫은 듯 했고

세찬 비바람 속에서 나의 정들었던 골프채 모두를 잃어 버렸다.

지난 십 년 내 골프의 결정체!

내 몸에 꼭 맞혀져 있던 나의 무기를 모두 잃은 그때의 심정이란!

전쟁터에서 사랑하는 부하들을 모두 잃은 패장의 비통함!

추락하는 비행기 안에 있는 사람들의 절망감과도 같은!

단재 신채호는－세숫대야 같은 미물에게 고개를 숙일 수 없고 왼손 같이 불길한 손으로 고귀한 얼굴을 만지게 할 수 없다－하여 세수할 때도 얼굴을 들고 오른손만으로 세수를 했다고 한다.

고등학교 1학년 고문시간에 弔針文(조침문)을 배웠었다.

－연전에 시삼촌께서 동지상사의 낙점을 무르와 북경을 다

녀 오신 후 바늘 여러쌈을－중략－자끈동 부러지니 嗚呼痛哉라 嗚呼哀哉라

어린 시절 읽은 신채호 위인전의 영향으로－하찮은 미물 중의 미물인 바늘 하나 부러졌다고 무슨 오호통재, 오호애재란 말인가?－옛날에도 한가한 아줌마들이 많았구나!－생각했었다.

이제 50을 바라보는 나이에 골프채를 모두 잃고 보니,

조침문을 썼던 유씨 부인의 맘을 조금은 헤아릴 듯하더이다! 예전엔 미처 몰랐어요!

부디 철없던 날의 저를 용서하여 주소서!

아이언은 똑같은 걸로 다시 살 수 있었다!

퍼터도 다시 살 수 있었다.

사랑했던 금방망이 3번 우드는 다시 돌아오지 못했다.

슬펐지만 같은 회사의 다른 3번, 5번 우드로 대체되었다.

물론 잃어버린 금발머리의 그녀－3번 우드와는 비교할 수 없지만. ㅠ

문제는 드라이버였다.

내가 치던 Y사의 드라이버를 구하지 못했다.

같은 Y사의 드라이버를 샀지만 예전 드라이버보다 0.5인치가 길고 헤드의 모양도 내 마음에 안 들었다.

치면 전부 훅이 났다.

연습장에서 부단한 노력을 했다.

다시 백돌이처럼 손이 까지고 물집이 생겼다.

그래도 안 된다.

드라이버 산지 일주일 만에 반값에 팔고 다시 T 드라이버를 샀다.

또 일주일 만에 반값에 팔고 또 사고 또 팔고!

사랑했던 와이프와 사별하고 다른 여자 만나 살기가 어렵다더니, 딱 그랬다!

드라이버가 개판이니 골프가 잘 될리 없다.

아마추어든 프로든 일단 드라이버 안 맞으면 그날 골프는 엉망진창이 되는 거다.

골프를 치러 간 건지! 등산을 간 건지! 매홀 공 찾아 숲속을 헤매는 보물찾기가 계속되고 있다.

눈만 뜨면 드라이버 걱정!ㅋ

6개월 가까운 슬럼프가 계속되고 있다.

그러던 어느 날 지인이 권한 W드라이버를 만나게 된다.

비공인 채라 했다. 처음 쳐보는 비공인 고반발 드라이버!

연습장에서 첫 샷을 날렸다!

뜨악! 둔탁한 소리지만 맞는 느낌이 묵직했다!

240야드! 우와! 처음으로 240야드 존에 날려 보았다.

또 뜨악! 슬라이스가 났다. 맞으면 분명 20야드는 더 가는데, 문제는 열 번 중에 일곱 번이 슬라이스였다.

또 바꿀까 아니면 연습으로 슬라이스를 잡을까?

고민하다가 20야드 거리 욕심 때문에 W을, 맘에 썩 들지는 않지만 고쳐서 살으리라!라는 마음으로 받아들이기로 했다.

2010년이 저물어 가고 있다.

W드라이버의 슬라이스 숙제만을 남긴 채!

W드라이버의 슬라이스와 윤발이의 처절한 전쟁이 시작됩니다!

기대하시라! 개봉박두!

골프이야기_그 서른다섯 번째

슬라이스를 잡아라

W드라이버는 강한 이미지의 표상! 흑형이었다.

Black head에 볼이 맞는 페이스면의 가운데가 불룩한 타원형이었다.

그 불룩한 타원형의 한 가운데에 공이 맞을 때에만 뜨악 하는 묵직한 소리와 느낌으로 240야드의 거리를 내어준다.

그런데 그 타원형의 중심에 볼을 맞히기가 쉽냐고요?

조금만 비껴 맞으면 슬라이스가 나서 바로 오비가 나버린다.

그러나 지금까지 전대미문(ㅋ)의 240야드를 쳐 본 적이 없는 나는 이 W드라이버를 절대 포기할 수 없었다.

어찌 되었던 W의 슬라이스를 잡아야만 했다.

슬라이스를 잡아라!

목사님과 전도사님이 내기 골프를 쳤다.

목사님이 오비가 나면 산에서 알을 까고 전도사님의 공을 발로 몰래 밟고 가는 등 성직자로서는 해서는 안 될 차마 끔찍한 비행을 자행하는 터라 하늘에서 이를 보고 계시던 하느님이 목사님에게 벼락을 날리셨다.

헐! 그런데 전도사님이 벼락을 맞았고 서거하여 하늘나라로 가서 하느님을 만났다.

– 주여! 목사님에게 벼락을 날리시지, 정직한 골퍼인 저에게 왜? 벼락을 주시었나이까? – 라고 묻자.

하느님께서 하신 말씀! – 미안해!

슬라이스 났어! – 하셨다.

하느님도 자유롭지 않다는 그 슬라이스!

슬라이스를 잡아야 한다.

매일 아침에 연습장에 갔다.

가자마자 스트레칭이고 모고 생략하고 바로 W드라이버를 쳤다.

악성 슬라이스가 계속해서 나고 있다.

이리 쳐 보고 저리 쳐 보지만 타원형의 중심의 스윗스팟에 맞추기는 정말 어려웠다.

열 개 중 한개 정도 잘 맞는데 손맛과 비거리가 나의 고생을 충분히 위무해 주었다.

매일 드라이버 위주의 연습을 1달을 계속했다.

事事佛供이면 處處佛像이라 했든가?(하는 일 마다 불공을

드리듯이 정성을 다하면 곳곳에 부처가 나타난다)

슬라이스의 진폭이 조금씩 줄어들면서 정타를 치는 확률 90%까지 끌어 올렸다.

물론 슬라이스를 잡아야 한다는 조급함에 스트레칭도 없이 냅다 드라이버부터 먼저 치는 연습으로 등과 어깨의 만성통증을 안고 살았다.

W드라이버를 가지고 처음 라운딩을 나갔다.

슬라이스에 대비하여 티박스 왼쪽 끝에서 티샷을 하면서 연습장에서의 스윙템포를 생각하며 티샷을 했다.

뜨악! 소리와 함께 5도 정도 슬라이스가 나면서 페어웨이 중앙에 안착! 비거리 240야드!

그린까지의 거리 130야드 9번 아이언 거리가 남았다.

아무리 잘 맞아도 7번 아연 거리였는데, 또 2클럽이 짧아진 거다.

가볍게 투온 투펏 파!

W드라이버의 슬라이스 오비를 내지 않으려고 최대한 집중하면서 티샷을 했다.

240야드의 비거리를 내어주니 골프가 너무 쉬웠다.

골프를 잘 치기 위해서는 무조건 드라이버 비거리가 길어야 한다는 것을 그때서야 알게 되었다.

그날 나는 오비를 한 번도 내지 않고 라이프 베스트인 78타를 쳤다.

꾸준한 연습이 실전에서 그대로 재현되어 라이프베스트를 쳤을 때의 희열!

열락의 새가 울고 열반의 경지에 버금가는 환희와 희열을 맛 보았다.

나는 더 이상 짤순이가 아닌 240야드의 당당한 비거리를 가진 싱글 골퍼가 된 것이다.

이날 이후 10번 라운딩을 하면 2번 정도 칠십대 후반을 쳤고 3번 정도는 팔십대 초반을 그리고 나머지 5번은 팔십대 중반을 쳤다.

바야흐로 싱글골퍼시대가 열리고 있었다.

그러나 W드라이버는 연습을 게을리 한다거나 술을 많이 마셔서 몸 상태가 안 조은 날은 여지없이 심한 슬라이스로 나에게 종종 깊은 좌절을 맛보게 했다.

골프는 종합예술이다. 현재 나의 컨디션의 바로미터이며, 지난 며칠 동안의 나의 생활을 반영한다.

감기 몸살 등으로 컨디션이 안 좋거나 며칠 동안 음주가무를 즐겼을 때는 반드시 필드에서 응징을 당한다.

골프의 여신 골프로디테는 바른 생활을 하지 않는 사람을 제일 싫어하신다.

W드라이버 이후 골프약속이 잡혀 있는 3일 전 부터는 가급적 술도 자제하려고 노력했고 항상 드라이버감을 가지려고 연

습도 많이 했다.

이제 2011년도 며칠 남지 않았다.

골프를 시작한지 어언 만 12년! 윤발이의 골프는 또 진화하여 싱글의 문턱까지 왔다.

골프로디테여 이 어린양을 어디까지 이끄시려 하시나이까?

2012년 봄 2박 3일의 제주골프에서 나를 싱글골퍼로 만들어 준 W드라이버와의 눈물의 이별을 하게 됩니다.

ㅠㅠ

개봉박두! Coming soon!

골프이야기_그 서른여섯 번째

골프에 관한 여러 생각들!

골프! 그 불평등에 관하여!

골프는 개인별 파워를 고려치 않은 정말 불평등한 게임이다.

힘을 바탕으로 하는 모든 개인경기에는 체급이 있지만, 골프에는 체급이 없다.

천하장사 이만기랑 나랑 같은 tee에서 맞짱을 뜨는 거다.

이만기는 옛날에 태어났으면 맨손으로 범을 때려잡았다는 이완 장군과 동급이고 나는 동네 제법 큰 똥개와의 싸움도 버거운 백면서생이다.

300야드를 날려 놓은 자와 200야드를 보내 놓은자!

한사람은 100야드가 남았고 한사람은 200야드가 남았다.

어떤 자가 파온을 시키겠는가?

공평한 게임인가?

골프는 이처럼 심히 불공평한 운동이다.

장타자들은 우라가 심하다는 둥, 숏게임이 약하다는 둥 근거 없는 말로 혹세무민하고 있다.

그러면 PGA의 장타 챔피언들은 우라가 심해서 거리만 나고 오비 자주내고 숏게임 못하는 찌지리들이란 말인가?

같은 노력이라면 장타자는 너무나 쉽게 골프를 잘 칠 수 있다.

그래서 어쩌라고? 어쩔 수 없다!

오랜 기간 동안 많은 짤순이들이 장타자들의 기에 눌려 항거하지 못하고 그 불평등을 묵묵히 받아 들여왔기에 그것이 관례가 되어 버린 오날날, 나도 억울하지만 운명으로 받아들일 수밖에 없다.

배려심 없는 장타자들은 꼭 짤순이 동반자를 빽티로 데려가서 손목을 비튼다.

비거리가 짧은 골퍼에게 빽티는 공포 그 자체이다.

아이언공략을 못하고 우드를 치게 될 때 파온의 확률은 지극히 낮아진다.

그렇다고 빽티 대결을 거부하면 비겁자가 된 듯하여 피할 수도 없다.

그저 간단없는 우드연습과 정교한 어프로치, 퍼팅으로 장타자들의 불의에 항거할 뿐이다.

그러나 우드의 날이 바짝 서 있는 짤순이한테 의외로 혼이 나는 장타자들도 많다.

골프! 그 불평등한 게임을 살벌(ㅋ)하게 정확한 우드로 이겨

내도록 닦고 조이고 기름치자!

골프복장에 관하여!

빨, 주, 노, 초, 파, 남, 보라의 원색의 옷이 전혀 이상하지 않은 곳이 필드이다.

아니 오히려 파란 잔디 색과 일곱 빛깔 무지개의 원색들은 너무 잘 어울린다.

또 밝은 색 옷을 입어야 뒷 팀에서 잘 보이기 때문에 타구사고를 예방할 수 있다.

어두 칙칙한 옷을 입고 라운딩하다가 뒷팀 볼에 맞아

식물인간이 되거나 사망하는 사람의 수가 년 간 100여명에 이른다고 한다.

확인된 바 절대 없음!ㅋ

그리고 필드웨어는 집에서 안 입거나 버리려고 하는 옷이라고 생각하는 아재들이 많은 듯한데, 절대 아니거든요!

멋지고 간지 나는 옷을 사서 입고 필드에 나가 보라!

5타는 준다는(?)ㅋ

나이가 들수록 옷을 몸에 맞게 입어야 한다.

태극기 휘날리며의 엄청 헐렁헐렁한 바지를 바짝 끌어서 배꼽까지 올려 입은, 쌍팔년도에 유행하던 배꼽 바지를 입으신 완전 아자씨들!

혹시 본인의 바지가 – 태극기 휘날리며 – 라면 과감히 버리거나 새로 산지 얼마 되지 않아서 버리기 아까우면 통을 반으로 줄이라!

그리고 모자를 머리에 깊게 박아쓰라!

오빠들은 모자를 깊게 박아쓰고 아저씨들은 모자를 머리에 살짝 올려놓는다.

민방위 훈련 끝나고 회사에 출근해야하기 때문에 헤어스탈 안 망가뜨리려고 그랬던 것이 버릇이 되어서이다.

어차피 라운딩 끝나고 샤워할 텐데 왜 별로 이쁘지도 않은 헤어스탈을 아끼는가?

앞으로는 모자를 깊게 눌러 씁시다!

골프 칠 때 등산복 입고 오는 사람들도 있는데, 진짜 아닌거 아시죠!

그래도 남자가 등산복 입고 오면 그냥 개념이 좀 없구나! 정도로 넘어 갈 수 있지만 여성골퍼가 등산복입고 왔을 때 – 골프치지마시고 옷 좀 사 입으셔요! – 하고 싶다! 여성골퍼는 파워풀한 스윙과 비거리가 아니고 이쁜 스윙폼과 이쁜 골프복의 간지가 훨씬 중요하다.

골프의상만 보아도 타수를 가늠할 수가 있다.

몸에 붙는 날렵한 옷맵시에 컬러풀한 골프복을 입은 자는 분명고수이다.

헐렁한 바지에 후줄근한 복장은 물어보나 마나 백돌이이다.

싱글들이 헤벌레 한 바지입고 불우이웃도 안 입을 옷을 입고 라운딩을 하는 것을 본 적이 있는가?

남자고수는 옷이 화려하고 여자고수는 옷이 소박하다.

유심히 보라!

왜일까? 남자고수는 돈을 따서 옷을 사 입고 여자고수는 돈을 따서 살림에 보태기 때문이다! ㅋ

요즘은 골프장에서 출입할 때의 복장을 거의 제한하지 않는다.

너무 튀지 않는 선에서, 골프장에 오갈 때의 복장도 캐주얼하게 하고 가라!

편한 옷은 몸과 맘을 릴렉스 시켜 굿샷으로 이어진다.

무기에 관하여

－좋은 목수는 좋은 연장을 쓴다－라는 말이 있다.

골프를 잘 치기 위해서는 소프트웨어 못지않게 하드웨어도 중요하다.

지난 20여 년 동안 무기의 발전은 거의 혁신에 가까웠다.

먹감나무 드라이버에서－메탈 드라이버로 메탈에서－초고

반발 드라이버로－무기는 진화해왔다.

아직도 R7드라이버를 치고 있지는 않으신가요?

인사동 골동품상에서 볼 수 있는 스몰 헤드의 우드를 쓰고 계신가요?

드라이버를 구입하신지 만 5년이 지난 채를 아직도 치고 계십니까?

술값은 안 아끼면서 골프채 교체에는 인색하시나요?

그렇다면 당신은 분명 개백정일 것입니다.

캐디언니들은 골프채만 보고도 대충의 골프실력을 가늠할 수 있다고 한다.

이제는 전설이 되어버린 골프채로 가득한 캐디백의 주인은 분명 백돌이라는 것이다.

고수들은 늘 골프채에 관심을 가지고 있기에 좋은 신무기가 나오면 바로 구입하여 전력을 증강시킨다.

꼭 골프채를 교체하지 않더라도 골프샵에 가끔씩 들러서 새로 나온 골프병기들에 관심을 가져야 한다.

진화하는 최첨단 스포츠공학에 함께 편승하여야 공을 잘 칠 수 있다고 생각한다.

좋은 목수는 좋은 연장 쓰듯 우리도 좋은 골프채를 씁시다!

골프이야기_그 서른일곱 번째

2박3일의 좌절!

W드라이버로 늘어난 비거리는 나를 싱글골퍼로 만들어 주었지만, 연습을 게을리 하거나 전날 과음을 했다거나 컨디션이 안 좋을 때는 여지없이 악성 슬라이스가 재발하여 종종 나를 좌절(ㅋ)하게 했다.

2012년 3월 지인들과 제주도로 2박 3일의 골프투어를 갔다.

가기 전 날 친한 친구가 부친상을 당하여 새벽까지 친구들과 술을 마시며 장례식장에 있다가 새벽에 귀가하여 바삐 짐을 챙기고 탐라행 첫 비행기에 올랐다. 원래 술에 약한 체질이라 과음 다음날은 평균타수보다 10개는 늘 더 쳤었던 듯하다.

제주에 도착하여 라운딩을 했다.

과음에 잠을 못 잤기에 좀 못 치려니 생각은 했지만, 100개를 넘기리라고는 생각도 못했다.

W드라이버는 매홀 마다 슬라이스가 나서 오비가 나거나 또는 해저드로 들어갔다.

백돌이 때로 돌아간 것이었다.

내일은 좀 나아지겠지! 자위를 했지만 한 번 무너져 버린 드라이버 감은 그 다음날도 그그 다음날도 돌아오지 않았다.

연짝 3일을 백여 타를 친 것이었다.

같이 갔던 친구들이 내가 너무 못 치는 것이 안쓰러웠던지, 아무도 나에게 말을 건네지 않았다.

좌절! 구력 14년 만에 다시 백돌이가 되어버린 골퍼의 심정을 아시나요?

골프가 끝나고 갔던 제주도에서 제일 맛있다는 횟집의 회도, 그 맛있던 쥐치조림도, 도톰 쫄깃한 연탄 도야지고기도, 코로 들어가는지, 입으로 들어가는지 몰랐다.

머릿속에는 온통 W 드라이버의 슬라이스로만 가득했다.

마지막 날 골프가 끝나고 너무 허망하여 고개를 푹 숙이고 한동안 안 피던 담배를 한대 빌려 피웠다.

심연! 마음이 조금 가라앉으면서 이제 W드라이버와 이별을 해야겠다고 결심했다.

맨붕으로 두어 달 골프를 소홀히 하다가 5월경에 후배가 추천한 금방망이 A드라이버로 교체했다.

말로만 듣던 고가의 고반발 드라이버!

비싼 고반발채는 치기만하면 그냥 멀리 그리고 똑바로 나가는 줄 알았다.

그러나 그 고반발 드라이버도 노력 없이 거저 비거리와 방향성을 가져다주지는 않았다.

일단 1인치가 길고 9도이다.

맞으면 거리는 분명 더 나가는데 정타를 맞추기가 쉽지 않았다.

100일 금주를 선언하고 골프연습에 몰두했다.

술을 안마시니 컨디션이 조아서 날아 갈 것 같았고 술 마셨던 시간을 골프연습에 투자하니 두 배의 연습 효과가 있었다.

고반발채는 연습하면 드라이버가 깨어진다.

연습과정에서 드라이버 헤드를 하나 깨어먹고 260야드의 비거리와 방향성을 얻었다.

또 윤발의 골프는 진일보하고 있었다.

A드라이버가 처음 실전에 배치되던 전날 밤에 꿈까지 꾸었다.

첫홀에서 A 드라이버헤드가 깨지고 18홀 내내 3번우드 티샷을 하며 쩔쩔매다가 깨었다. 악몽이었다.

A드라이버를 처음 선보인 날 나는 77타를 쳤다.

경쾌한 금속성의 타구음과 260야드를 넘나드는 엄청난(?) 비거리와 방향성은 골프를 더더욱 쉽게 치게 만들어 주었다.

파온이 너무 쉬웠고 파온하면 퍼팅은 조았으므로 파는 쉽게 쉽게 하였다.

다시 골프가 급 재미있어 졌고 강호의 고수들을 초빙하여 그들을 한 명 한 명 꺾어나가는 재미가 쏠쏠하였다.

고교 선배 중에 절대고수급 형아가 있다.

그에게 핸디 5개를 받았으니, 실제로는 8타정도의 실력 차가 있었다.

80대 중반의 타수에서 8타는 감히 범접할 수 없는 실력차이인 것이다.

매번 그와의 라운딩을 하면서 느끼는 것은, 나는 절대로 그를 이길 수 없다!는 것이었다.

그러나 늘어난 비거리와 페어웨이 한가운데를 가르는 방향성, 꾸준한 퍼팅연습으로 생긴 자신감은 그와도 맞짱을 떠 볼 수 있다－라는 생각이 들었다.

7월의 어느 날! 송추CC 에서 그와의 결전의 날이 잡혔다.

그 당시에는 어떤 골프장에서도 70대를 칠 자신이 있었다.

첫 홀부터 8연짱 파를 달았다.

절대 고수선배를 비롯한 모든 동반자들이 긴장했다.

그들은 나의 늘어난 비거리와 정확한 방향성에 흠칫 놀라는 눈치였고 송추의 빠른 그린을 태우는 나의 퍼팅에 또 한 번 놀라는?ㅋㅋ

전반을 1오바 37타로 마쳤다.

전반 9인홀이 끝나면 의례적으로 마시던 그 짜릿한 500CC

생맥주의 유혹도 뿌리쳤다.

왜? 그 절대고수선배를 한 번은 넘어 서고 싶었기에!ㅋ

후반에도 무너지지 않고 맹타를 휘둘렀다.

골프는 맨탈의 게임이다. 믿었던(ㅋ)하수가 끝까지 무너지지 아니하고 씩씩하게 잘 쳐 나가면 오히려 고수가 무너지는 그런! 제로썸게임 같은 골프!

내가 무너지지 않고 계속 잘 쳤더니 절대고수선배가 서서히 격침되어 갔다.

한동안 카톡 프사에 S고의 거함 A를 격침시키다! 라는 문구와 스코어 카드를 올렸었다.

나야 자랑이지만 A형님은 조금 쪽팔렸을 듯!ㅋ

오늘 지면을 빌어 A회장님께 심심한 사과의 말씀을 전합니다!

나는 그날 3오바! 버디 없이 파 15개 보기 3개로 75타를 쳐서 라이프베스트를 쳤다.

그날의 라이프베스트 스코어는 내 골프에 새로운 이정표를 다시 제시하여 주었다.

그동안 아무리 잘 쳐도 79타와 78타에 머물렀던 나의 골프가 70대 중반까지 진입했다.

골프장애인에서 장애를 딛고 3오바까지 왔다.

이제부터는 나는 더 이상 골프장애인이 아닌! 나도 더 노력하면 절대고수가 될 수 있을 뿐 아니라 이븐파, 언더파도 칠 수 있다는 자신감이 생겼던 윤발골프 14년 만의 대 사건이었다.

그러나 그 이후 윤발의 골프는 지지부진하게 되고 새로운 위기에 직면하게 됩니다!

Coming soon!

골프이야기_그 서른여덟 번째

내기 골프에 관하여

골프는 인생의 반사경
티샷하여 퍼팅으로 끝내기까지의 과정이 바로 인생항로이다.
동작 하나하나가 그 인간됨을 적나라하게 드러낸다.

– 세익스피어

18홀이면 그 사람의 인격을 알기에 충분한 시간이다

– 스코트랜드 속담

아무 내기 없는 골프를 쳐 보신 적이 있나요?

그렇게 재미없는 게임도 없다는 것을 알게 된다.

골프는 적당한 긴장감을 즐기는 운동이다.

가장 긴장된 순간은 퍼팅할 때이고 그 중에서도 숏퍼팅을 남겨 놓았을 때이다.

1 m 이내의 퍼팅!

넣어야 본전이고 못 넣었을 때 잔상이 오래 남는다.

그러나 실제로 백돌이들은 1 m의 퍼팅을 반은 넣지 못한다.

내기를 하지 않으면 O.K이가 남발되어 맥 빠진 골프가 되어 버린다.

몇달전 가까운 친구가 거래처로 부터 2명 초대를 받았다고 나보고 함께 가자한다.

내기 없는 서먹한 라운딩이 시작되고 그린에 올라가서

퍼팅 한번만 하면 다 OK!

멀리건 남발! 그날 함께 라운딩 한 네 명 모두 7자를 그렸다.

－O.K와 멀리건에 의한 비공식 세계 최저타 기록 보유자가 북한의 국방위원장 김정일이었다고 한다.

물론 몇 타를 쳤는지는 알 수 없다.

다만 국정원에서 흘러나온 정보에 의하면 18언더파 이하라고 한다. ㅋㅋ

이게 무슨 골프인가?

이 짓 하러 주말에 잠도 못자고 멀리 운전하여 왔던가!

아무리 공짜 골프라도 이런 골프는 싫다.

얼마 전 그 친구로 부터 또 초대를 받았다.

그럴듯한 이유를 대며 정중하게 거절했다.

우리가 말하는 세칭 뽑기도 골프의 매력을 반감시킨다.

실제로 주말에 대접받는 갑질(ㅋ)뽑기 싱글들과 스트록을 쳐 보면 그들의 실제 골프 실력은 90대 초반 골퍼들이 많다.

2m 이내의 거리를 다 컨시드를 받다 보니 숏퍼팅을 해본 적이 없다.

O.K를 주지 않으니, 저윽히 당황해하고 홀인 시키지 못한다.

숏펏을 계속 놓치니 신경은 곤두서고 샷도 같이 망가져서 90대를 쳐서 망신을 당하고 귀가한다.

골프 내기는 타당 천 원짜리를 하더라도 스트록을 해야만 한다.

그래야 끝까지 최선을 다하게 되고 천 원짜리도 몇 홀 지나고 나면 피튀기는 흥미진진한 게임으로 변한다.

돈 보다는 타인에게 지기 싫어하는 인간의 본능 때문이다.

실제로 오장내기(타당 오천 원에 배판일 경우 만 원)만 해보면 그 사람 인품이 적나라하게 드러나온다!

－오장내기 이상의 내기를 해서는 절대 안 된다. 우정에 금이 가기가 쉽다－

인간을 평가하는 데에는 두 가지 잣대가 있다.

인격과 품격! 이것을 합쳐 인품이라 부른다.

인격은 우리가 말하는 그 사람의 됨됨이 이다.

그러면 品格(품격)은 무엇인가?

그 사람이 돈을 쓰는 모습이다.

아는 것 많고 말 잘해서 술 마실 때 늘 자신의 현학을 뽐내고 다른 사람들은 거의 그의 말을 듣기만 한다.

그런데 술값은 한 번도 안낸다.

인격은 훌륭하되 품격이 떨어지는 사람이다.

따라서 인품은 별로인 사람!

주변에서 그런 사람들을 심심찮게 볼 수 있다.

말만 많고 지갑 안 여는 인색한 사람으로 평가절하 되어도 할 말이 없다.

반대로 언행이 경박스러워서 인격은 좀 떨어지는데, 술값, 밥값 잘 내고 돈에는 쿨한 사람이 있다.

인격은 좀 떨어지나 품격은 훌륭한 사람이다.

차라리 인격 훌륭하고 품격 떨어지는 사람보다 인격 좀 떨어지고 품격 훌륭한 사람을 더 좋아한다.

스트록에서의 핸디는 배판 감안하여 실력차이의 70%정도가 적당하다고 생각한다.

많이 주면 좋지만, 골프가 매번 정해 놓은 것처럼 자기 타수를 칠 수 없기 때문이다.

스트록에서는 핸디 받은 사람이 핸디 준 사람보다 같거나 잘 쳤을 경우, 받은 핸디를 돌려주는 것이 PGA 룰이다.

핸디 주고 하수보다 더 못 쳐서 다시 돌려받는 것처럼 쪽팔린 일도 없다.

그래서 핸디는 100% 주지 않는다.

게임을 하는 동안에는 엄격한 룰을 적용하여 손에 땀을 쥐게 하는 익사이팅 한 게임을 하고 게임이 끝났을 때, 전리품의 공평한 논공행상으로 우정을 다져야 한다.

절대로 전리품을 집에 가져 오면 안 된다.

생활에 절대 도움이 안 될 뿐만 아니라 길어도 1년 후에는 공치자고 불러주는 사람이 없다.

왜? 사람들이 자기를 피하는지조차 모르는 불쌍한 사람으로 전락하고 만다.

고수들은 딴 돈을 하수들에게 다 돌려주고 자기 돈으로 저녁식사도 가끔씩 사야 한다.

고수가 빛나는 것은 하수가 있기 때문이다.

따르는 하수들이 많을 때, 그 고수의 명망이 만고에 길이 빛나리라!ㅋ

친한 후배 아버님이 하신 말씀이다- 어차피 늙으면 다 100돌이로 만나는데, 지금 공 잘 친다고 잘난 체 말고 골프를 통해서 사람을 남겨라!-

멋진 말이지 말입니다.

법에도 눈물이 있는데 하물며 친한 지인들 끼리 치는 골프에 왜? 인정편이 없겠는가?

돈도 많이 잃었는데, 또 다시 오비난 친구는 멀리건도 주고 대충 O.K도 주어야 한다.

엄격한 룰을 적용한다고 친구를 기어이 양파를 까게 만드는 답답한 화상이 되어서는 안 된다.

그런데 지금 엄청 공이 잘 맞아서 수억을 챙기고 있는 넘이 같은 거린데 왜? 자기는 O.K 안주냐고 따지는 넘도 있다. 그 사람 됨됨이가 적나라하게 나오고 있지 말입니다.

또 내기에서 돈을 잃으면 그늘 집에서 동반자들에게 술을 먹여서 핸디를 조정하는 행위도 해서는 안 된다.

골프를 치러 가기 전날 맴이 설레는 것은, 라이프베스트를 치고 싶기 때문이다.

그런데 골프가 어느덧 술푸로 변하여 공을 맞추지도 못할 정도로 만취하여 캐디언닌지? 룸싸롱언니지?도 구분 못하고 술로 엉망진창이 되어서 동반자 모두의 골프를 망쳐 놓아서는 안 된다.

술 마신 사람은 좋을지 어떨지 모르지만 라베를 꿈꾸는 동반자에게는 엄청난 민폐다.

골프는 아무리 싸게 쳐도 쌀 한가마니를 지게에 지고 18홀 내내 쌀을 한줌씩 뿌리면서 하는 고급진 운동이다.

그 돈으로 네 명이서 술집에 가서 마시면 엄청 조은 술과 안주를 먹을 수 있건만! 왜? 공치러 와서 그러는지 이해가 안 가는 행동이다!

같이 마시지만 뒤돌아서서 – 누구 땜에 골프 망쳤다는 – 뒷

담화는 본인만 모르리라! ㅋㅋ

또 자기가 그날 공이 너무 안 맞는다고 돌연 내기에서 도중 하차 하는 것도 해서는 안 될 매너다.

자기 공 잘 맞을 때만 내기하고 안 맞을 때는 싹 빠지고,

그냥 그런 날은 돈으로 때우라! 남자는 가오와 모양세가 빠지면 얍삽한 놈이 된다.

무릇 사나이라면 공평타당, 공명정대, 대도무문, 신의성실과 사회상규, 가오와 모양세가 빠지지 않는 아주 멋진 골퍼가 되도록 수행을 게을리 해서는 안 된다!^^

이제 윤발골프이야기는 대단원을 향하여 숨 가쁘게 달려갑니다! 기대하셔도 좋습니다! Coming soon!

골프이야기_그 서른아홉 번째

세상에 이런 일이!

십년전쯤 모 관광서의 자문위원으로 위촉되어 근 10여 년간 자문위원을 했던 적이 있었다.

실상은 자문위원을 빙자한 친목계였으므로 당연하게 골프 월례회가 생겨났다.

자문위원의 상당수가 의사 선생님들 이어서 평일 라운딩을 할 수 없기에 일요일날 오전에 인천에 있는 퍼블릭 골프장에서 4팀에서 5팀 정도 라운딩을 했었다.

그러던 어느 날 새로 자문위원으로 위촉받은 신입 자문위원이 골프모임에 가입했는데, 공교롭게도 그는 나와 같은 조에 배정이 되었다.

그 당시 나는 위원들 중 거의 막내라서 내 또래의 신입위원이기에 관심이 컸고 그의 골프 실력도 많이 궁금했다.

앞 조가 다 나가고 마지막 조인 내가 마지막 티샷을 하고 카트에 타고 세컨샷을 하러 갈 때 까지 그는 나타나지 않았다.

무슨 급한 일이 생겨서 못 오는 구나 — 하고 3명이서 열심히 라운딩을 하고 있었는데, 우리가 3번째 홀 파3에서 티샷을 하려 할 때, 그가 마샬의 카트를 타고 헐레벌떡 나타났다.

별로 미안하지 않는 표정으로 차가 막혀서 늦었다는 간단한 변명을 했다.

우리는 그를 배려하는 차원에서 그 홀은 쉬고 다음 홀부터 플레이를 하라고 했다.

그는 캐디백을 열고 새 아이언의 비닐을 벗겼다.

또 드라이버와 퍼터의 비닐도 벗겼다.

한 번도 쳐보지 않은 아이언과 드라이버 그리고 퍼터를 바로 실전에서 칠 수 있는 저 사람은 분명 고수 중에 고수이리라!

게다가 우드나 유틸리티는 한 개도 없다.

롱아이언을 잘 치니 굳이 우드나 고구마가 필요 없는 전설의 초절정고수!

앗싸! 말로만 듣던 지존급 골퍼를 여기서 만나게 되다니!

기대 만땅이었다.

4번째 홀 파4 그가 티샷을 하려고 티를 꼽았다.

그는 드라이버 티샷을 파3 티샷에 쓰는 숏티를 사용 했다.

그 당시 나는 80대 후반의 보기 플레이어였기에 때로는 드라이버 티샷을 우드 티샷 처럼 숏티를 사용하면 어떨까? 하는 생각을 하기도 했었기에 — 역시 고수는 다르구나 — 라고 생각했다.

숏티에 공을 올려놓고 엄청난 헤드스피드로 싹 쓸어 치겠구나! 라고 생각했다.

그가 오랜 기도(?) 끝에 티샷을 했는데 쪼루가 났다.

어? 아무리 지각을 해서 마음이 급했겠지만 지존의 샷 치고는 몬가 너무 허접했다.

이게 모지?

그래! 지존의 세컨샷을 보자!

두구두구둥둥! — 떨리는 심정으로 그의 세컨샷을 기다렸다.

드디어 그가 아연을 쳐들고 또 오랜 기도 끝에 세컨샷을 했다.

휘익! 허공을 가르는 소리와 함께 그가 비틀거렸다.

헐! 공을 못 맞추고 헛스윙을 했다.

또 헛스윙! 또또또또또 헛스윙!

열 번 만에 겨우 공대가리를 맞춰서 엄청난 슬라이스성 뱀샷을 했다.

헐! 대박!

드디어 그의 정체가 백일하에 드러났다.

그는 그날 머리를 올리러 온 거였다.

그 자리가 얼마나 어려운 자리인데 그 곳에 머리를 올리러

온 자!

무식하면 용감한 무개념 사나이!

그가 그날 지각한 이유는 새로운 아이언과 드라이버 퍼터를 사가지고 오느라 늦은 것이었으며 우드나 유틸이 없었던 것도 7번 아이언만 연습했으므로 우드의 존재조차도 모르는 무식·무개념의 결정체!

그가 드라이버 티샷을 숏티에 올려놓고 한 이유도 우리가 3번째 홀 파3에서 숏티 티샷을 하는 것을 보고 티샷은 다 숏티로 하는 줄 알았다는!

캐디 언니가 공을 던져주고 헛스윙이나 대갈샷, 뒤땅, 앞땅, 쪼루 다시 캐디 언니가 힘껏 앞으로 던져주고 또 반복의 반복!

매홀 백 타씩 친다.

그날 캐디 언니 공 던져 주느라고 팔이 다 빠져 버렸다는!

우리는 그의 변화무쌍한 샷이 무서워서 그의 앞으로는 절대 가면 안 되었다.

그도 스스로 미안 했던지 그늘집에서 우리 보러 자기가 산다고 맘껏 먹으란다.

기가 막혀서 웃기만 했는데, 그늘집에서 현찰 계산을 하려고 돈을 낸다.

그늘집 언니가 여기서 계산을 할 수 없다고 하니 그는 돈을 내는데도 안 받는 곳도 있냐며 소리를 질렀다.

그는 그날 1,800타를 치고 갔다.

20명의 타수를 혼자 치고 간 용감한 사내!

신발 개세이!

그와 라운딩한 우리 세 명은 그날 어찌 되었을까?

독자들의 상상에 맡기겠다.

같이 라운딩 했던 정말 인격이 훌륭하신 분이 나에게 하신 말씀 — 김사장! 모 저런 놈이 다 있냐? — 이 말로 그날의 상황을 정리하고 싶다.

그로부터 세달 후에 신문지상에 그의 이름과 사진이 대서특필 되었다.

그의 리스트에 올라 있는 많은 정치인들은 밤잠을 설치고 있다는 기사와 함께.

그는 모 학교재단의 이사장이었는데 학교인가와 관련되어 정계에 엄청난 로비를 벌렸던 모양이었다.

참 세상 어수룩하다. 그런 자가 정계를 뒤흔들 수 있다는 것이!

정치하시는 분들 뒷돈을 받을 때는 반드시 라운딩을 해 보시고 받아도 되는 사람인지? 아닌지? 잘 판단하셔요!

골프이야기_그 마흔 번째

안성벌 전투

날래고 용맹한 병사 3만을 뽑아서 제주로 보냈다.

3만의 병사가 최정예 기병이 되는 데에는 꼬박 삼년이라는 세월이 걸렸다.

1,000일의 수련인 鍛(단)을 거쳐 그들은 지상 최강의 기마병으로 거듭 태어났다.

그들이 말을 타고 달리면서 쏘아대는 화살은 백발백중이었으며 마상 창술과 검술은 과히 일품이었다.

행군하는 말에서 코를 골며 자는 수준의 기마술은 하루 행군속도 700～800리를 가능케 했다.

나팔소리와 깃발 하나에 3만의 병사가 일사분란하게 말을 타고 달리며 3만발의 석궁을 동시에 날리고 창과 칼을 자유자재로 다루는 지상 최강의 군대!

기병 1명은 보병 10명과 맞먹는다 했다.

그러나 나의 잘 조련된 군사들은 일당백의 최정예 기병들이다!

3만의 군사이지만 그 전투력은 300만 대군도 격파시킬 수 있는 가공할만한 전투력을 가진 군대!

과히 일기당천이라 할 수 있었다.

하루에 무려 팔백리를 행군하는 기동력을 가진 군대!

우리의 빠른 행군 속도에 적들은 속수무책이었다.

부산포, 달구벌, 한밭을 한 달음에 탈환하며 안성벌에 도착했다.

적의 동태를 살피러 안성벌에 갔던 계집이 돌아왔다.

계집은 채탐인 출신으로 30살의 길씨녀라 했다.

수려한 외모에 우수에 젖은 눈매는 뭇 사내들의 가슴을 시리게 했을 듯 싶었다.

계집의 이름을 물어보려다 그만 두었다.

계집에게 고기와 쌀을 내리고 푹 쉬도록 했다.

계집의 말에 의하면 계속 밀렸던 적들은 러시아용병까지 끌어 들여서 러시아 기병 5만에 청나라 보병 15만, 도합 20만 대군으로 안성벌에 포진해 있다고 했다.

전군이 기병인 우리에게는 넓은 안성벌은 물고기가 물을 만난 것과 같다.

병법의 병자도 모르는 어리석은 자들! 곧이어 벌어질 대 살육전의 참상이 눈앞에 살짝 스쳐 지나갔다.

키 크고 멋진 몸매의 유럽 말을 타고 있던 러시아 기병들은 제주 조랑말을 타고 나타난 우리를 보고 코웃음을 쳤다.

누가 먼저랄 것도 없이 마구잡이로 우리를 공격해왔다.

전군퇴각하라! 우리의 기병이 말머리를 돌려 퇴각했다.

적들은 신이 나서 도망가는 우리를 추격해왔다.

빠른 서양말들과 우리 기병과의 거리가 좁혀져 적들이 사정거리에 들어 왔을 때에 석궁발사를 알리는 깃발이 올랐다.

전속력으로 후퇴하면서 뒤를 향하여 3만발의 석궁이 날았다!

쉐엑! 바람을 가르는 소리와 함께 날아간 맹독을 묻힌 석궁은 정확히 적들의 면상을 꿰었다.

갑옷을 입은 적을 가장 효율적으로 공격하기 위하여 적의 얼굴을 겨냥하여 쏘는 피나는 연습의 결과였다.

전력질주하는 말에서 뒤돌아서서 그렇게 정확한 사격을 하리라 예상치 못한 러시아 기병들이 우수수 추풍낙엽처럼 말에서 떨어졌다.

살아남은 자들은 말머리를 돌려 도망을 쳤다.

전군 추격하라! 한 놈도 살려 보내지 마라!

키가 큰 유럽 말들은 단거리는 잘 달리지만 금방 지치기 때문에 오래 달리지 못한다.

그러나 볼품없이 작고 땅땅한 제주 조랑말은 지구력이 강해서 지치지 않기 때문에 장거리 행군과 지구력을 요하는 백병전 전투에 적합하다.

추격하는 제주 조랑말과의 거리가 좁혀지자 말위에서 달리며 찌는 창은 적의 뒷목을 꿰었고 그 충격으로 눈알이 튀어나왔으며 휘두르는 칼에는 목이 떨어져 나갔다.

떨어진 목들은 칼을 맞을 때의 충격으로 혀가 길게 빠진 채로 땅 바닥에 나뒹굴었다.

한 시간이 채 못 되어 러시아기병 5만은 궤멸되었다.

남은 청나라보병 15만은 그저 인간사냥에 불과했다.

도망치는 적들을 말을 타고 쫒으며 석궁으로 쏘고 창으로 찌고 칼로 베었다－나 또한 여포가 썼다는 방천화극 드라이버로 찌르고 베고－해가 채 지기도 전에 20만 대군을 도륙하였다.

피가 내를 이뤄 흘렀고 시체가 산을 이뤘다.

안성성주는 눈에 끓는 은을 부어 죽였다.

칭기즈칸이 그러했듯이!

sand wage 보다 키가 큰 남자아이들은 모두 죽였다.

칭기즈칸이 그랬듯이!

살인, 방화, 강간, 약탈을 허락했다.

칭기즈칸이 그랬듯이!

안성벌 전투의 선봉에 섯던 길씨녀는 뛰어난 무공으로 눈부신 활약을 했지만 머리로 날아드는 청나라 장수의 쇠도리깨를 미처 피하지 못하고 즉사했다.

계집의 우수어린 눈매를 생각하니 가슴이 아팠다.

계집의 이름은 안내였다.

길안내!

사고무친인 그녀를 후히 장사치루어 주었고 양지바른 곳에 묻어 주었다!

청초 우거진 골에 자란다, 누웠난다.
홍안은 어디가고 백골만 묻혔나니
잔 잡아 권 할이 없으니 그를 슬퍼하노라!

비석에 훌륭한 캐디라 적어 주었다.

안성벌 전투를 끝으로 장장 17년에 걸친 병자호란은 조선의 승리로 끝이 났다. 그 긴 17년의 세월은 비바람, 폭풍, 태풍, 눈보라, 눈사태, 흙탕물, 똥물, 수중전, 공중전, 청등가, 홍등가 다 겪어 극복한 신산의 세월이었다.

1999년 5월 1일 처음 머리를 올리고,
2000년 5월 9일 100을 깼습니다.
2001년 7월11일 89를 쳤습니다.
2006년 1월 3일 79를 쳤습니다.
2015년 7월26일 안성큐에서 이븐파를 쳤습니다.

다음번 이야기는 윤발 골프이야기 최종회!
이븐파를 쳤던 그날 그 현장을 생생히 전해 드리겠습니다!
개봉박두! coming soon!

골프이야기_마지막회

이븐파를 치다!

2012년 75타로 라이프베스트를 친 이후 100일의 금주기간이 끝나서 다시 술도 마시고 연습도 게을리 했더니 금방 85타의 보기플레이로 돌아갔다.

그냥 명랑골프가 좋다고 자위하면서 2013년, 2014년을 속절없이 보냈다.

2014년 12월 31일 새해 일출을 보려고 일찍 잠자리 들었는데, 갑자기 가슴속에서 불덩이 같은 것이 훅하고 올라왔다.

어! 이 불덩이가 모지?

그것은 골프장애를 극복하고 어렵게 어렵게 여기까지 왔는데!

골프를 여기서 이대로 어정쩡하게 만족하고 말 것인가? 하는 자책의 불덩이였다.

급 생각이 많아졌다. 밤새 뒤척이며 내린 결론!

좋다! 새해가 되면 다시 산사로 돌아가 용맹정진하여 성불하리라!

마음을 다시 곧추 잡았다.

2015년 2월부터 이상기온으로 따뜻한 날이 계속되었다.

지금까지는 지속적인 연습을 하지 않아서 연습장을 쿠폰으로 끊거나 한 달씩 등록했는데, 처음으로 6개월 연습장을 끊었다.

2월부터 주 5일의 연습을 목표로 했다.

다시 줄어든 드라이버의 비거리를 늘리기 위하여 집에서는 턱걸이를 했고 3번, 5번, 7번 우드를 집중적으로 연습했다.

3번우드를 쓸어 쳐서 거리를 낼 때와

찍어 쳐서 탄도를 높게 하여 그린에 올릴 때 볼에 스핀을 먹여 덜 구르는 연습을 집중적으로 했다.

7번우드는 롱아이언보다 더 정확하게 칠 수 있었다.

볼도 스핀을 잘 먹는 타이틀리스트로 바꾸었다.

아이언은 피상적으로 앞으로 똑바로만 치는 연습이 아닌 실전처럼 타겟을 정해놓고 핀발로 쏘는 연습을 부단히 했다.

집에서는 퍼팅연습을 게을리 하지 않았다.

이 연습으로 정확해진 아이언샷과 정교한 퍼팅은 나에게 많은 버디를 안겨 주었다.

뿐만 아니라 필생의 염원(ㅋ)이었던 홀인원을 하는 개가를 올렸다.

젊은 날에는 홀인원이 그리 달갑지 않았다. 홀인하면 돈을 많이 써야 한다는 말을 들었기에, 돈이 없는 나로서는 홀인하지 않기를 바랐는지도 모르겠다.

그러나 골프 구력이 쌓이면서 골퍼에게 홀인원은 큰 경력이면서 행운을 가져다준다는 속설에 나도 홀인원을 하고 싶었다.

그러나 그 홀인원이 내 맘대로 어디 되는 것이던가?

핀 앞 1 cm에서 공이 멎은 이후 홀인원은

나하고는 점점 인연이 멀어져 가는 듯 했다.

경력이 쌓이고 연륜이 붙을수록 파3에서 핀을 보기 보다는 그린 중앙을 보고 쳤기에

홀인원은 아예 나의 뇌리에서 지워져가고 있었다.

그러나 새해 들어 시작한 아이언 연습으로 자신감을 얻은 후 7번 아이언까지는 핀을 보고 치게 되었다.

2015년4월7일 서원밸리의 밸리코스 2번홀 파3 내리막-150야드 7번아이언으로 티샷을 했다.

핀앞 1.5 m에 떨어진 볼이 스르륵 굴러 홀컵으로 사라졌다.

순간 머릿속이 하얘졌다! 멍!

캐디언니가 소리치며 달려와 나를 안았다.

회원님! 홀인원! 홀인원!

나도 드디어 골프 17년만에 홀인원을 했다.

누군가가 홀인원 소감을 물었을 때 나는 이렇게 말했다.

20살에 도전한 사법고시에 40이 넘어 합격한 기분이다!-라고-좋았지만 담담하게 좋았다!

아주 담담하게! 감격은 없었다!

세상사 모든 일이 정말로 하고 싶을 때 이루어져야 기쁘다. 너무 뒤에 이루어지면

그 기쁨은 그저 담담한 기쁨이 된다.

세달 후에 송추CC에서 7번 아이언으로 또 홀인원을 했다.

하려고 할 때는 죽어라 안 되던 홀인원을 세달 사이에 두 번을 했다.

나무관세음보살!

5월에 접어들면서 연습의 효과가 나타나기 시작했다.

화이트 티에서 치면 70대는 기본으로 쳤다.

잘 치다가 잠깐 정신 줄을 놓아서 오비를 내고 트리플을 하고도 76타를 자주 쳤다.

오비만 안내면 이븐을 칠 수 있겠다!

희미하게 이븐파를 예감했다.

2015년 7월 26일 안성 Q에서 S초등학교골프 월례회가 있었다.

고교2년 후배를 초등골프월례회에서 만났다.

그 후배가 초등학교도 2년 후배인 것을 그날 알았다.

그는 S고에서 서열 5위안에 드는 핸디3의 왕싱글로 고교대항골프 상비군급의 강타자이다.

S고 골프서열로 치면 나보다 한참 앞에 있는 후배다.

그러나 그 당시 나의 샷 감각은 절정에 있었기에 그 어떤 누구도 두렵지 않았다.

지존급 고수에게도 밀리고 싶지 않을!

아니 오히려 최강자들과 내심 맞짱을 뜨고 싶었었다.

不敢請이언정固所願이라!(감히 청할 수는 없지만 바라는 바!) 라는 말을 이럴 때 쓰는 말일 듯 했다.

후배는 나의 예전의 골프실력을 생각하고 핸디를 주려고 했다.

당연히 핸디 수령을 거부하고 타당 배판 없이 만 원짜리를 치기로 했다.

3번 홀까지 파를 했다.

그 후배는 3번 홀에서 더블을 했다.

2014년 한 해 동안 더블을 한 번도 하지 않았다고 하면서 몹시 불쾌해 했다.

나는 계속해서 5번 홀까지 파를 5개하여 오륜파를 달았다.

6번 홀에서 보기를 하고 8번 홀에서 버디를 잡아서 전반을 36타 이븐으로 넘었다.

후배는 40타로 4오바를 쳤다.

그늘집에서 집중력이 떨어질까 저어하여 맥주를 마실까 말까 고민하다가 너무 더워서 한잔했다.

후반 시작하자마자 첫 홀에서 버디를 했다.

또 핸디캡 1번 430야드 파4홀에서 3온 1펏으로 파로 막았다.

희미하게 오늘 이븐을 칠 수 있다!라는 감이 왔다.

14번 홀에서 보기를 해서 다시 이븐이 되었다.

17번 홀에서 좀 크게 쳐서 어프로치를 했는데 오버되어 보기를 했다.

위기였다! 17번 홀까지 1오바!

남은 홀은 마지막 18번 홀 하나만 남겨져 있다!

마지막 홀에서 버디를 못하면 이븐파의 대기록은 물 건너가는 거다.

운명의 18번홀－우측 dog leg홀－캐디언니가 질러 치면 100야드 안쪽이 남는다고 했다.

드라이버에 자신이 있었으므로 힘껏 최단코스로 질러 쳤다.

캐디언니가 굿 샷! 이라는 말과 함께 70야드 남았다고 했다.

가장 좋아하는 거리 70야드!

세컨샷을 핀에 붙일 자신이 있었다.

A를 가지고 3/4 스윙을 했다.

공은 핀 방향을 향해 날아갔다.

그린에 올라가서 마크를 하고 거리를 재었다.

홀에서 4발짝 퍼팅!

그러나 굵은 나무뿌리 같은 라이의 끝에 홀컵이 있다.

거리보다는 라이가 너무나 어려웠다.

나보다 10 cm 뒤에서 후배가 버디펏을 했다.

나는 후배가 퍼팅을 할 때 라이를 컨닝하려 했는데, 후배의 퍼팅이 너무 약해서 내가 퍼팅라이를 참고하는데 전혀 도움이 되지 않았다.

4보 남은 거리에서 2보는 오르막, 2보는 내리막이었다.

정확한 스트록과 적당한 힘으로 2보 오르막 변곡점으로 보낸 후 2보 내려가면서 홀컵에 들어가야 한다.

만약 이 마지막 펏을 성공시키지 못하면 영원히 이븐파를 하지 못할지도 모른다.

아니 못 할 것이다.

골퍼의 이력에 있어서 이븐파와 1오바와는 1타 차이이지만 하늘과 땅 차이이다.

군대의 대령과 완스타(준장)처럼!

지금까지 라이프베스트가 75인 것을 보면 이런 기회를 평생 다시 맞지 못 할 것 같은 절박감이 오히려 나를 담대하고 냉정하게 해 주었다.

지금까지 살아오는 동안 이처럼 짧은 시간에 나의 정신적, 육체적 에너지를 총집결 시켰던 적이 있던가?

꼭! 꼭! 꼭! 해내야 한다는 타는 목마름의 갈망이 있었던가?

온몸의 신경세포 하나하나가 이 장엄한 마지막 퍼팅을 위하여 존재하는 듯 했다.

마음이 정해졌다! 퍼터를 들고 퍼팅라인에 섰다.

무념무상! 운명의 퍼팅을 했다!

퍼터를 떠난 공이 정확히 2보를 굴러 올라가 변곡점의 정상에 잠깐 섰다가 위치에너지가 운동에너지로 바뀌면서 2보 아래로 흘러 내려가고 있다!

심장이 멎을 듯한 찰나의 시간이 지났다.

스르륵! 공은 홀컵에 빨려 들어가고 있었다!

떨어졌다! 내가 아마골퍼들의 로망 이븐을 때려 낸 것이었다. 이븐을! 72타를 쳤다!

전인미답(?)의 이븐파를 말이다!

고개를 들어 하늘을 보았다! 골프의 여신 골프로디테가 나를 보고 웃고 계셨다.

그분이 오셨다! 또 그분이! 그분이!

사랑하나이다! 당신을 경배하나이다!

그날 나의 퍼팅 수는 33개! 날이 바짝 선, 나의 퍼팅의 날카로움을 33이란 숫자가 말하여 주고 있지 않나요?ㅋ

나의 이븐파를 인정해 주는 이유가 두 가지 있다.

하나는 안성Q! 절대 만만치 않은 골프장이고

두 번째는 동반자인 절대고수 J후배를 이겼기 때문이었다.

만약 J후배와 라운딩하지 않았더라면 이븐파의 위업(ㅋ)을 달성하지 못 했을 수도 있다.

지면을 빌어 J후배에게 감사의 말씀을 전한다.

2015년 9월에는 강북에서 가장 어렵다고도 하는 서원밸리 빽티에서 처음으로 77타도 쳤다.

서원밸리 빽티에서 최저타가 83타였었는데 송곳같이 쳐대는 우드샷으로 가능했었던 것 같다.

골퍼로서 2015년은 모든 것을 이루어 낸 금자탑을 쌓은 한 해였다.

앞으로 남은 소망이 있다면 69타를 쳐보는 것인데, 욕심이겠죠?

1999년 5월 1일 머리를 올리고 2015년 7월 26일 이븐을 쳤습니다.

17년에 걸쳐서 늦지만 포기하지 않고 뚜벅뚜벅 걸어서 여기까지 왔습니다.

저와 같이 골프에 장애를 가지신 분들과 혹시라도 골프실력이 향상되지 않아서 골프를 포기하시려는 분들 그리고 대한민국의 모든 백돌이, 백순이들께 저의 골프이야기를 바칩니다!

감사합니다! 주윤발!

골프이야기를 마치며!

초등학교 골프밴드에 2015년 8월 2일 처음으로 나의 골프이야기 그 첫 번째－고난의 시작－을 첫 회로 하여 글을 올리기 시작한지 벌써 일 년이 조금 넘었습니다.

장난처럼 시작된 연재에 여러 동창골프 밴드에서 재미있다고 계속 써 보라는 격려에 힘입어 글을 올렸었습니다.

열두 번째 이야기－골퍼의 계급－은 한때 전국의 골프밴드를 뜨겁게 달구어 제가 거의 얼굴 없는 유명작가 반열까지 올라가기도 했습니다.

그러나 회가 거듭될수록 저의 천학 비재함으로 점점 필력이 달려서 글의 마무리를 짓지 못하고 차일피일 미루고 있었습니다.

그러던 와중에 지인분이 보내주신 격려의 글이 저로 하여금 골프이야기의 완결을 재촉케 하였습니다.

－대부분의 골퍼들이 강호에서 도태되어 어정쩡한 보기플레이어로 자위하며 살아간다.

윤발의 골프는 평범하지만 결코 평범하지 않은 한 사내의 처절한 레알 논픽션 다큐이자 휴먼스토리라 할 수 있다－지인분께서 보내주신 짧지만 저에게 큰 힘이 된 글입니다!

이번 북유럽 여행을 통하여 불만족스럽지만 41회 이븐파를 치다–로 글을 마무리했습니다.

유치한 글이지만 조만간 정리하여 얇은 책으로 엮어서 지인분들께 한 권씩 드리겠습니다!

그동안 무미한 글을 재미있다고 읽어 주신 동문 선후배님들과 지인 분들께 감사의 말씀을 전합니다!

2016년 8월 15일
김홍현 올림

| 지은이 소개 |

김홍현

· 홍익대학교 경제학과 졸업
· 1988년 경기은행 입행
· 1998년 한미은행 퇴사
· 2003년~2007년 여주대학 산업경영정보학과 겸임교수
· 現 스카이택시(주) 대표이사
· 現 연일가스산업(주) 대표이사

골퍼의 계급

어느 아마추어골퍼의 처절한 계급투쟁기

2016. 11. 20. 1판 1쇄
2017. 3. 15. 1판 2쇄
2020. 8. 14. 2판 1쇄

지은이 김홍현
발행인 김미화 **발행처** 인터북스
주소 서울시 은평구 연서로20길 11 **전화** 02.356.9903 **팩스** 02.6959.8234
이메일 interbooks@naver.com **홈페이지** hakgobang.co.kr **출판등록** 제2008-000040호
ISBN 978-89-94138-69-5 03690 **정가** 12,000원

■ 파본은 교환해 드립니다.